入門ガイダンス

経営科学
経営工学

第 3 版

古殿幸雄 [著]

Kodono Yukio

中央経済社

第3版へのまえがき

　本書の第2版が発行されてから5年が経過した。この5年間で，元号は令和に変わり，新型コロナウイルス（Covid-19）感染症の世界的流行（Pandemic），ロシアのウクライナ侵攻など，私たちは国内外の大きな変化を体験した。このような激動の中で，第3版が刊行される2022年は，ローマクラブが「成長の限界」を発表した1972年から数えてちょうど50年の節目にあたる。成長の限界では，「人口増加や工業投資が続けば，天然資源は枯渇し，環境汚染は自然が許容しうる範囲を超えて進行し，100年以内に地球上の成長は限界に達する」と警鐘を鳴らし，全世界に衝撃を与えた。同年国連人間環境会議が開催され，その20年後に地球環境サミットが開催，国連気候変動枠組み条約や生物多様性条約への署名による発効という流れの中で，持続可能な発展というキーワードが出現した。そして，世界社会開発サミット，国連ミレニアムサミットのMDGs（Millennium Development Goals）を経て，国連創立70年目の2015年に持続可能な開発目標：SDGs（Sustainable Development Goals）が国連総会で採択された。私たちは，2030年の目標達成年までに，変化の激しい世界情勢の中で，さまざまな問題や課題を解決していかなければならない。

　実は，冒頭の成長の限界で用いられたのは，システムダイナミクス（System Dynamics）という経営科学の手法である。経営科学や経営工学は，これから解決しなければならない問題や課題に対して非常に有効である。

　さて，今回の第3版は，第2版の内容を最新の内容に改訂すると共に，説明の加筆や演習問題を若干増やすことで，より理解が得られるような工夫を施した。大きな変更としては，第6章のシステムズ・アプローチにシステム思考を加筆した。それは，ここ数年間でデザイン思考が注目されており，それに伴ってアート思考や論理的（ロジカル）思考などとの違いについて着目されはじめたことによる。

　アート思考は，アーティストの思考であり，アーティストの自己や価値観の

表現から得られるアートに着想される思考法であるので，自身のアイデアやコンセプトを発想するための思考法といえる。そこで，このようなアイデアやコンセプトが複数創出されたときに，どれを採択して良いかを決める必要がある。このときに必要になるのが論理的思考である。論理的に筋道を立てて考え，最良の案を採択することができる。

　次に，デザイン思考であるが，これは顧客という相手の立場に立って最良の案を創作する（デザインする）ことである。例えば，ここに5つの解決案があって，論理的思考であれば5つの中で最も良いと考える1つの案に絞るが，デザイン思考では，顧客を起点に考えるので，5つの案を参考にして，顧客の誰もが満足するような新たな案を創作し，試作し，検証して，顧客からのフィードバックを得ることになる。

　ではシステム思考であるが，これは全体を俯瞰しながら，本質的な構造を解き明かし，時間の経過を考慮しながら解決を目指す思考法である。そのため，最良の案や新たに誰もが満足する案が創作されたあとに，対象をシステムとして捉え，時間の経過を考慮しながら高所に立って解決案を検討することができる。このようなシステム思考によって考えられた世界の目標が，SDGsであるといえる。したがって，さまざまな思考法は，どれが良いというのではなく，それぞれの特徴を活かしながら適用することで，変化の激しい世界情勢の中で，これから遭遇する問題や課題に対処していかなければならない。

　この他に，第11章のゲーム理論では，交互ゲーム（展開ゲーム）を追加している。ゲーム理論は，論理的思考を学ぶことができるため，ゲームのルールが同時進行だけではなく，交互進行についても本書で学ぶことができるようになったため，問題解決の方法が広がったことになる。

　最後に，本書の出版にあたって，お世話になった中央経済社の方々，特に納見伸之氏に深く感謝する。

　2022年6月

古殿　幸雄

まえがき

　経営科学や経営工学の領域は，非常に奥が深く，これらの学問をすべて網羅することは，大変な作業となり，一人では到底できないし，一冊の本にまとめることも不可能であろう。本書は，このような経営科学や経営工学への誘いとして，大学の低学年層，特に文科系の学生を対象として，この領域への入門書としてできるだけわかりやすく，ぜひとも理解しておいて頂きたいものをまとめたものである。しかしながら，この領域は，文科系と理工系を複合する学部や学科などで取り扱われるようになってきており，これらの学生が取り組めるような内容も含まれるようにと考えたため，数式や理論展開は省略せずに解説し，演習問題等もできるだけたくさん取り入れた。

　また，21世紀は，IT（情報技術）の時代であり，高性能かつ小型・低価格化したコンピュータと，高速化・大容量化した通信技術が結びつくことで，経済・社会そして経営などのあらゆる分野で構造改革が，速やかに推し進められる。しかし，経営科学や経営工学の考え方を抜きにして，IT を有効に活用することはできない。例えば，IT 革命によるアメリカの繁栄を横目にして，日本はバブル経済崩壊後の1990年代において，失われた10年を過ごし，この不況が，未だ好転しないのは，経営科学・経営工学を十分に活用できずに，IT のみが一人歩きしていたからであろう。したがって，これから IT を用いた構造改革に携わろうとする人たちにも，本書を活用して頂きたい。

　さて，本書は3部構成となっており，第1部は経営科学や経営工学の共通の知識として必要な理論を中心に構成した。振り返ってみると，人類の歴史において，1つの技術革新が，経済・社会を大きく変えてきた。19世紀の産業革命，内燃機関（エンジン）の発明による大量輸送時代。そして20世紀末に訪れたIT 革命。このような歴史の流れのもとで，経営科学や経営工学に必要な理論

について解説している。第2部では，経営科学の手法として，線形計画法，日程計画法，在庫問題，ゲームの理論，意思決定法を取り上げて解説している。これらの考え方は，実務に携わる人たちや将来実務に携わろうとする人たちへの有効な知識となるであろう。そして，第3部は，経営工学への展開として，人事・労務管理，生産管理，品質管理，財務管理，経営情報システムを取り上げて解説している。ここでは，人，物，金，情報という4つの重要な要素を中心に企業の効率化について考えることで，情報化とシステム化の方法について学んで頂きたい。

　本書は経営科学・経営工学の入門書であるが，今後さらに深くこの領域へ進まれ，社会で活躍される方々の一助になれば幸いである。

　最後に，本書を執筆するにあたり，種々ご指導を頂いた恩師の大阪府立大学名誉教授の浅居喜代治先生並びに大阪工業大学教授の奥田徹示先生に心より感謝の意を表する。さらに，多くの諸先生，諸先輩方の著書を引用・参考させて頂いたが，ここに記して謝意を表する。また，本書の出版にあたっては，中央経済社の方々，特に黒川のり子氏ならびに関真理子氏に大へんお世話になった。ここに厚く御礼申し上げる。

　　2017年1月

古殿　幸雄

目　　次

第1部　基　礎　理　論

第2部　経営科学の手法

第8章　線形計画法　　75

第9章　日程計画法　　88

第1部 基礎理論

第1章
序　　論

1　経営科学と経営工学

　経営科学と経営工学とは，後で述べるように科学と工学としての目的の相違
はあるが，いずれも経営の効率化を目指して確立された学問である。経営科学
は，第一次世界大戦の頃の戦略のために，科学者が戦術を解析することから発
展した。これに対して，経営工学は，産業革命の時代に工場生産が開始され，
工場内の工程の管理や生産の管理から発展し，それぞれの経緯は異なる。この
ような経緯から，これまでは別々の学問として取り扱われてきたが，経営科学
と経営工学には，**図1-1**のような関係がある。すなわち，いずれも，経営上
の問題や課題の解決を図るために用いられる学問であり，両者の違いを最も簡
単に述べると（厳密にはもっと複雑であるが，このことは，本書を読み進むに
つれて理解できると考える），科学的なアプローチを用いるか，工学的なアプ
ローチを用いるかということである。通常，科学は，真理の探究を行う学問で

| 経営科学の領域 | 共通の領域 | 経営工学の領域 |

図1-1　経営科学と経営工学

あり，工学とは，実際の問題に対する応用を中心とする学問である。しかしな
がら，経営上の問題や課題の解決を図るということでは，お互いの目的が一致
することになる（厳密には，経営以外の分野においても，両者は浸透すること
が可能であり，柔軟に対応できる学問であるが，このことに関しては，次章以
降を読み進むにつれて理解できるだろう）。

　したがって，本書においては，経営科学と経営工学の共通の領域，経営科学
の領域，経営工学の領域を取り扱うことで，経営上の問題を科学的・工学的ア
プローチの両面から解決を図ろうとしている。

　なお，経営科学・経営工学に関連する他の科学的・工学的アプローチとして，
システム工学（Systems Engineering；SE），システムズ・アナリシス（Systems
Analysis），制御工学（Control Engineering），人間工学（Ergonomics, Human
Factors），経済性工学（Engineering Economy），ソフトサイエンス（Soft Scienc-
es）などがある。これらをすべて網羅することは不可能なので，これらの学問
については，個々の専門書に譲ることにして，本書では，経営科学・経営工学
のガイドラインを示すことに努めたい。

2　IT革命と経営科学・経営工学

　2000年1月，スイスで開かれた世界経済フォーラム（World Economic For-
um；通称ダボス会議）は，世界経済の大きな変貌を象徴するものであった。こ
のダボス会議は，政界・経済界・産業界・学界などの実力者が集まり，世界で
も最も重要な会議の1つとされている（この年は，クリントン米大統領（W.J.
"Bill" Clinton），サマーズ米財務長官（L.H.Summers），ブレア英首相（T.Blair），
マイクロソフトのビル・ゲイツ氏（W.H. "Bill" Gates），シスコ・システムズの
ジョン・チェンバーズ氏（J.T.Chambers），ソニーの出井社長，東芝の西室社
長などが出席している）。この会議において，21世紀はIT（Information Tech-
nology；情報技術）の時代であることが改めて確認された。

　また，2000年7月，九州・沖縄サミット（第26回主要国首脳会議）では，

IT 革命の影響について議論し，グローバルな情報社会に関する沖縄憲章（IT
憲章）を採択した。憲章は，IT を21世紀を形作る最強の力の１つと高く評価
し，世界経済のエンジンとして位置づけた。

　さて，IT とは，小型で高性能かつ低価格化したコンピュータ（パソコン）と
高速化・大容量化した通信技術とが結びつくことで生まれたネットワークによ
る技術革新のことである（そのため ICT（Information & Communication Tech-
nology；情報通信技術）とも呼ばれる）。ネットワークが世界中に広がることで，
企業同士，企業と工場，企業と消費者，そして消費者同士がつながることにな
る。その結果，世界中でインターネットを経由した商取引が行われ，これまで
は一方通行だった企業から消費者への情報発信から，両者間の双方向の情報通
信へと変化した。そして，IT を用いることで，アメリカのオンライン書店か
ら出発したアマゾン・ドット・コム（amazon.com）に代表されるような e コ
マース（Electronic Commerce；電子商取引），ネット調達などに対応した構造改
革が推し進められた。まさに，IT 革命と呼ばれる新たな時代の到来である。

　21世紀を迎えてすぐの2001年１月，日本政府は e-Japan 戦略を発表した。
e-Japan 戦略は，国家戦略であり，５年以内に世界最先端の IT 国家となるこ
とを目指すものであった。そして，初期の目標は達成されたとして，2003年７
月には，e-Japan 戦略Ⅱが発表された。

　e-Japan 戦略発表から５年後の2006年１月，世界最先端の IT 国家になった
として，今後は，世界の IT 国家を先導するフロントランナーとして貢献する
ための新しい政策，IT 新改革戦略が発表された。IT 新改革戦略は，いつでも，
どこでも，誰でも IT の恩恵を実感できる社会の実現を掲げた。2007年11月に
は，地域経済を活性化し，より活力のある魅力的な地域を実現するとともに，
よりよい暮らしの実現に向けて IT 利活用を推進するための IT による地域活
性化等緊急プログラムが発表された。

　2009年７月，デジタル技術が「空気」や「水」のように受け入れられ，経済
社会全体を包摂し（Digital Inclusion），暮らしの豊かさや，人と人とのつなが
りを実感できる社会の実現とデジタル技術・情報により経済社会全体を改革し

て新しい活力を生み出し（Digital Innovation），個人・社会経済が活力を持って，新たな価値の創造・革新に自発的に取り組める社会等を2015年までに実現することをビジョンとして掲げたi-Japan戦略2015が発表された。

2010年5月には，新たな情報通信戦略，2013年6月には世界最先端IT国家創造宣言が発表された。そして，総務省では，2014年6月，「世界で最もアクティブな国になる─ICTによるイノベーションで経済成長と国際貢献─」を目標としたスマート・ジャパンICT戦略を策定した。2018年6月「世界最先端デジタル国家創造宣言・官民データ活用推進基本計画」が発表され，翌年閣議決定した。そして，デジタル社会形成の司令塔として，未来志向のデジタル・トランスフォーメーション（Digital Transformation；DX）を大胆に推進し，デジタル時代の官民のインフラを今後5年で一気呵成に作り上げることを目指して，2020年12月に閣議決定された「デジタル社会の実現に向けた改革の基本方針」のもとでデジタル庁（Digital Agency）が2021年9月に設置された。なおDXという概念は，2004年にスウェーデンのウメオ大学教授のストルターマン（E.Stolterman）が提唱した。

このように，ITは，政府主導の下，ネットワーク基盤等のインフラの整備からデジタル技術の利活用による社会経済構造の改革を経て，国民（利用者）の視点に立った人間中心（Human Centric）のデジタル技術が普遍的に国民（利用者）に受け入れられるデジタル社会の実現へと向かっている。

しかしながら，経営科学や経営工学の考え方を抜きにして，ITを有効に活用することはできない。例えば，IT革命によるアメリカの繁栄を横目にして，日本はバブル経済崩壊後の1990年代において，失われた10年を過ごし，2000年以降も好転をせず，失われた20年とも言われるようになっているのは，経営科学・経営工学を十分に活用できずに，ITとの歯車がかみ合っていないためではないだろうか。IT革命によって，経営システムは大きく変化した。そして，ITの有効活用には，経営科学や経営工学の考え方が必要不可欠であり，これらの融合を推し進めていかなければならない。

3 本書の構成

　本書は，経営科学と経営工学の共通領域として，第1部の基礎理論編，経営科学の領域として，第2部の経営科学の手法編，経営工学の領域として，第3部の経営工学への展開編とすることで，**図1-2**のような構成となっている。

　第1部の基礎理論編では，経営科学や経営工学の発展の経緯や定義，考え方，アプローチ，意義などについて，また経営管理理論の概要と両者の位置づけ，さらに経営の分析と計画，システムズ・アプローチ，意思決定理論について述べる。

　第2部の経営科学の手法編では，線形計画法，日程計画法，在庫問題，ゲーム理論，意思決定法の各種手法について述べる。

　第3部の経営工学への展開編では，生産管理，品質管理，人的資源管理，財務管理，経営情報システムについて述べる。

　したがって，これら第1部〜第3部を順に読み進めることで，経営科学や経営工学の関わり合いや適用方法などが理解できるが，経営科学のみを学習の対象としたい場合は，第2章，第4章〜第12章へと読み進めればよく，経営工学のみを学習の対象としたい場合は，第3章〜第7章，第13章〜第17章へと読み進めればよい。そして，各章の関連性および今後の発展に関しては，第18章で述べる。

　なお，経営科学や経営工学に関する分野やアプローチについては，多様な見方があり，広範かつ豊富な内容となっているが，本書では基本的な事項に絞った入門書として位置づけている。本書によって基礎を理解し，さらに深く勉強される場合には，参考・引用文献に示している書籍を参照して頂きたい。

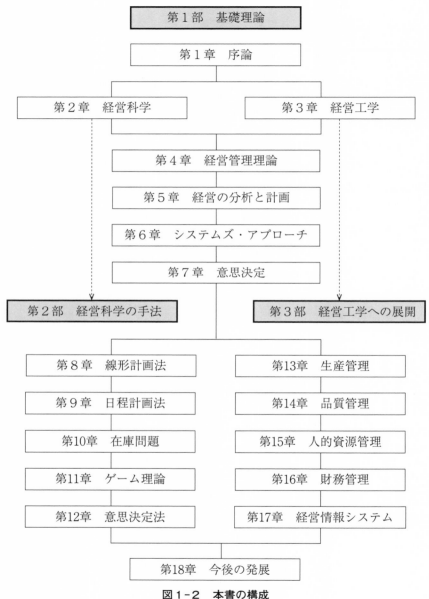

図1-2 本書の構成

第2章

経 営 科 学

1　ORの芽生え

　　オペレーションズ・リサーチ（Operations Research；OR）の先駆的な研究が
行われたのは，第一次世界大戦中であった。ランチェスター（F.W.Lanchester）
は，赤軍，青軍が戦ったときの両軍の損耗の状態を定式化している[1]。いま，
赤軍，青軍の戦闘のある時点でのそれぞれの兵員数をm，n人とし，それが戦
いの初めにはM，N人であったとしよう。このとき，それまでの戦いで失われ
た兵員数は，赤軍，青軍それぞれ，（M－m）人，（N－n）人となる。

　　さて，武器が刀のような戦闘者の直接手の届く範囲の兵員のみを殺傷できる
ようなものに限られている場合には，両軍の残存者数間に，

$$N - n = E(M - m) \tag{2.1}$$

という関係が成り立つ。これをランチェスターの線形則（第一法則）という。
ここで，Eは赤軍，青軍の強弱関係を示す係数であり，交換率と呼ばれる（0
＜E≦1）。また，ランチェスターは，戦闘における兵力の平均損失率は，敵
の兵力の大きさと交戦1回当たりの火力の有効性との積に比例するという関係
があることを見いだした。すなわち，戦闘で鉄砲を用いる近代戦では，ある戦
闘者は敵のどの兵員をも殺傷することが可能となり，

$$N^2 - n^2 = E(M^2 - m^2) \tag{2.2}$$

という関係が成り立つ。これをランチェスターの2乗則（第二法則）と呼ぶ。

　これらの式は，次のようにして導くことができる。

　時刻 t における赤軍，青軍の兵力をm(t)，n(t)とする。この両軍が戦えばそれぞれの兵力は損耗するが，その量は敵の兵力に比例するはずであるから，

$$\frac{dn}{dm} = E\frac{m}{n} \tag{2.3}$$

が成り立つ。比例定数Eは，武器の優劣などによって決まるパラメータである。これを積分すれば，

$$n^2 = Em^2 + C \tag{2.4}$$

となる。初期の兵員数をM，Nとすると，ランチェスターの2乗則が導かれる。

$$N^2 - n^2 = E(M^2 - m^2) \tag{2.5}$$

　また，赤軍，青軍の兵力損耗の比が一定であるとすると，

$$\frac{dn}{dm} = E \tag{2.6}$$

となる。これを積分すると，

$$n = Em + C \tag{2.7}$$

となるから，初期の兵員数をM，Nとすると，ランチェスターの線形則が導かれる。なお，Cは積分定数である。

$$N - n = E(M - m) \tag{2.8}$$

演習 **1**　赤軍と青軍がそれぞれ1,000の兵力で戦う場合を考える。交換率を0.8として，青軍の方がいくらか戦闘力に優れているとしよう。このとき，線形則が当てはまるような状況（刀の戦い）で，赤軍が全滅したときの青軍の残存者数を求めよ。また，2乗則が当てはまるような状況（近代戦）で，赤軍が全滅したときの青軍の残存者数

を求めよ（$\sqrt{5}=2.24$を用いよ）。

✎ **ポイント**　弱い立場の方に交換係数がかかる。

2　赤軍が500，青軍が1,000の兵力で戦う場合を考える。戦力が互角であるとき，赤軍が全滅したときの青軍の残存者数を，線形則，2乗則の各場合について求めよ（$\sqrt{3}=1.73$を用いよ）。

　ランチェスターは，このような法則を，1805年のトラファルガーの戦い（Battle of Trafalger：イギリス艦隊とフランスおよびスペインの連合艦隊との戦い）における実戦データにあてはめ，ネルソン提督（Nelson）の作戦を分析している。このランチェスターの理論は軍事上の作戦を初めて定量的，数学的にまとめて論じたものであり，後にアメリカのOR学会は彼の業績を讃えてランチェスター賞を設定している[2]。

　このトラファルガーの戦いでは，イギリス艦隊40隻，フランスおよびスペインの連合艦隊46隻で，連合艦隊の方が優位であったとしよう。演習1や演習2では，優位な青軍が勝利することになったが，実はランチェスターの理論は，優位な立場には優位な立場としての戦い方が，不利な立場には不利な立場としての戦い方があることを示したものである。つまり，強者（優位な立場）には強者の，弱者（不利な立場）には弱者の戦い方があることを示した。

　このトラファルガーの戦いをランチェスターの2乗則から検討してみよう[3]。まずイギリス艦隊の戦力は$40^2=1,600$，連合艦隊の戦力は$46^2=2,116$となる。このままでは，$2,116-1,600=516$となり，イギリス艦隊が全滅するまで戦えば，連合艦隊は，約22.7（$\sqrt{516}$）隻が残り，勝利することになる。

　しかし，連合艦隊を2分して$23^2+23^2=1,058$，イギリス艦隊を2分して$32^2+8^2=1,088$とすれば，戦力的に不利な立場のイギリス艦隊にも，$1,088>1,058$より勝機のあることがわかる（$1,088-1,058=30$となり，約5.47（$\sqrt{30}$）隻のイギリス艦隊が残ることになる）。

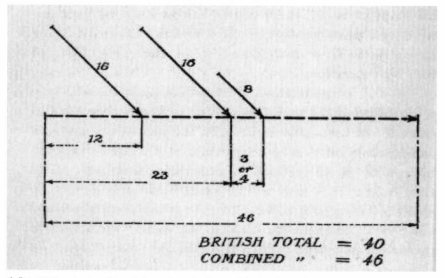

出典：F.W.Lanchester, *Aircraft in warfare, the dawn of the fourth arm*,Constable and company limited, London, 1916, p.64.

図2-1　トラファルガーの戦いにおける作戦

　実際にネルソン提督が立てた作戦は，イギリス艦隊を16隻，16隻，8隻の3列縦隊にして，46隻の連合艦隊の1列縦隊の横腹に突撃するというものである。これによって，連合艦隊を前衛の23隻と，後衛の23隻に分断し，後衛23隻をさらに12隻と11隻に分断し，イギリス艦隊の16隻＋16隻の32隻が戦うことになる。そして，連合艦隊の前衛23隻とイギリス艦隊の8隻が戦うという戦略を立てた。すなわち，イギリス艦隊は，$16^2-12^2=112$より，約10.58（$\sqrt{112}$）隻が残り，$16^2-11^2=135$より約11.62（$\sqrt{135}$）隻が残る。一方，連合艦隊は，$23^2-8^2=465$より，約21.56（$\sqrt{465}$）隻が残る。

　お互いが残った艦隊で戦闘を行えば，$(10.58+11.62)^2-21.56^2=27.84$となり，約5（$\sqrt{27.84}$）隻のイギリス艦隊が生き残り，イギリス艦隊が勝利するというのがネルソンの立てた作戦であった。この作戦をネルソン・タッチ（Nelson Touch）と呼んでいる。

　実際は，連合艦隊が33隻，イギリス艦隊が27隻であり，**図2-2**のようにイ

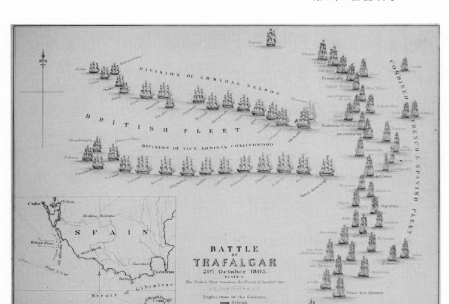

出典：Alex.Keith Johnston, *Atlas to Alison's History of Europe, plate 34*, William Blackwood and Sons, 1850.

図2-2　トラファルガーの戦い

ギリス艦隊は2列縦隊と予備隊で，連合艦隊を分断し，勝利した。

　トラファルガーの戦いでは，ネルソン提督は戦死したが，当時ヨーロッパ大陸を支配していたフランスのナポレオン（Napoléon Bonaparte）によるイギリス本土上陸を阻止することになった。この戦勝を記念して造られたのがロンドンのトラファルガー広場（Trafalgar Square）であり，この広場にネルソン提督の記念碑が，いつでもフランスからの侵攻を阻止する守り神のようにフランスを向いて建てられている。

　このランチェスターの理論は，現在のマーケティング戦略でも用いられており，ラジオ，TV，新聞，インターネット，SNS広告などのメディアによる宣伝は，近代戦の状況を呈しており，良い戦略を用いて優秀な販売員を投入することで，他社製品の販売を阻止し，自社製品を有利に売り込むことができる。

> **演習 3**　ある市場を2分するA社とB社がある。A社は，B社よりもやや
> 市場占有率に優れており，B社に対して，交換係数を0.8とするこ
> とができる。A社はB社に先駆けて，大キャンペーンを計画してい
> る。今，A社の販売能力（販売員や取扱店などのさまざまな要因か
> ら導き出されたもの）は100，B社の販売能力は100とするとき，
> キャンペーン終了後，A社は現状の販売能力（100）を維持し，B
> 社の販売能力を半減させる（50）ためには，A社は，このキャン
> ペーンで販売能力をいくらに上げればよいか（$\sqrt{10}=3.16$を用い
> よ）。
>
> **ポイント**　2乗則を適用する。

　ところで，先にランチェスター戦略は，強者には強者の，弱者には弱者の戦
い方があることを示したと述べた。演習1から演習3では，通常のランチェス
ターの法則を適用した場合に用いられるのであるが，ランチェスター戦略と呼
ぶときには，**表2-1**のような基本戦略と5大戦略が用いられる。

表2-1　ランチェスター戦略

	強者の戦略	弱者の戦略
基本戦略	ミート戦略 （直ちに追随する）	差別化戦略 （違うもの，違う方法を用いる）
5大戦略	①広域戦 （大きな市場を狙う）	①局地戦 （隙間市場を狙う）
	②確率戦 （数打てば当たる）	②一騎打ち （ライバルの少ない市場を狙う）
	③遠隔戦 （広告，TVCM など）	③接近戦 （スキンシップで戦う，SNS の活用など）
	④総合戦 （総動員）	④一点集中 （ターゲットを決めて重点化）
	⑤誘導戦 （有利な場所へ誘導）	⑤陽動戦 （手の内を読まれない）

2　ORの誕生

　イギリスでは，第二次世界大戦の直前，1935年1月にロンドン大学インペリアル・カレッジの学長の職にあったティザード卿（H.J.Tizard）を長とする15名のメンバーからなる防空委員会が航空省内に組織される。イギリスは，日本と同じように周りを海に囲まれた島国である。ナポレオンの台頭によりヨーロッパ大陸をフランスが支配していた時代にあった，トラファルガーの戦いにおいて，イギリス艦隊がフランス・スペイン連合艦隊を破り，海上の支配権を死守したように，島国を侵略するには，海を制して渡る必要があった。

　しかし，1903年，ライト兄弟（Wilbur and Orville Wright）が，有人動力飛行に成功し，以後飛行機はより速く，より高く，より遠くへ飛べるように改良が加えられ，第一次世界大戦では，軍用飛行機が登場し，その後の戦闘の主役へと瞬く間に進展を遂げていく。

　このような空からの攻撃に備えるために，当時イギリスでは後のレーダーとなるラジオ・ロケータ（Radio Locator）を開発中であった。そして，防空委員会では主としてその運用面を研究し，この研究成果は緒戦の防空体制に役立つところが多く，その成果は高く評価された[4]。

　1940年8月，この委員会のメンバーであったノーベル賞受賞者でもある物理学者ブラケット卿（P.M.S.Blackett）は，陸軍の要請によって対空防衛部隊の作戦参謀を助けるための科学者のチームを編成した。このチームは，3人の生理学者，2人の数理物理学者，2人の数学者，天体物理学者，一般物理学者，陸軍将校，測量技師および委員長の計12名で構成された。彼らは，当初レーダーの作戦上の使用方法を科学的に研究した。さらに，彼らは海・陸・空の3軍のために科学的手法を適用して，大きな成果を上げることになる。彼らは，その活躍を讃えて，「ブラケット・サーカス」と呼ばれることになるが，この名前からしても彼らの華々しい活躍がいかに高く評価されたかが伺える[4]。

　1940年の秋，アメリカの国家防衛研究委員会（National Defense Research

Committee；NDRC）の議長であったコナント（J.B.Conant：ハーバード大学学長）
は，イギリスを視察してこの活躍を知ることになった。第二次世界大戦への参
戦後，アメリカは，科学研究開発局（Office of Scientific Research and Develop-
ment；OSRD）を発足させた。NDRC は，OSRD の下部機構として編入され，
OR 推進の母体となった[5]。

　空軍では，1942年，アーノルド大将（H.H.Arnold）が，各空軍司令部に OR
グループの設置を勧告するとともに，NDRC の研究者の人選，教育を依頼した。
1945年までに，26の OR グループが設置されていた[6]。

　海軍では，大西洋艦隊対潜水部隊司令官の要請を受けた NDRC により，
1942年にマサチューセッツ工科大学の物理学者モース（P.M.Morse）をリーダー
とする7人のグループが編成された。このグループは，1943年には約40名のグ
ループとなり，対潜水艦戦闘オペレーションズ・グループと呼ばれ，後にオペ
レーションズ・リサーチ・グループ（ORG）と改称された。終戦当時，その人
数は約70人に増えていた[6]。

　このグループの行った OR 研究の代表的な事例に，日本の神風特別攻撃隊
（神風特攻隊）の攻撃に対する作戦研究がある。終戦間近，アメリカ海軍は日
本軍の神風特攻隊によって甚大な被害を受けた。神風特攻隊は，爆弾を積んだ
戦闘機が自ら敵艦へ体当たりするもので，海軍将兵が神風ノイローゼになった
ほど，その効果は非常に大きかった[6]。

　そこで，特攻機の命中を避けるためには，対空砲火と急激な退避運動のいず
れが有利であるか問題となった。これを解決するために，実戦データ477事例
が集められ，そのうち艦艇および特攻機の行動経過を明らかに記載している
365事例を分析対象として，被攻撃時の艦艇の回避運動の状況や特攻機の攻撃
法，攻撃方位と突入成功率等を調べ，大型艦（戦艦，空母，重巡洋艦など）と
小型艦（軽巡洋艦，駆逐艦，揚陸艦，補助艦艇など）に層別して分析が行われ
た。その結果，

　①　大型艦は，特攻攻撃をかわすために急激な針路変更を行う方がよい。

　②　小型艦は，特攻機に対して適切な針路変更を行う方がよいが，その際，

　　　対空砲火の効力を急激に落とさぬように留意すべきである。

　③　すべての艦艇は，高空からの特攻攻撃に対してはその舷側を向け，低空

　　　からの攻撃に対しては艦首を向けるように試みるべきである。

という勧告が提出される。この勧告を採用した艦船への特攻機の命中率が29%

にとどまったのに対し，これ以外の戦術をとった艦船への命中率は47%となっ

ている。この事実からも，この勧告が適切であったことが証明される[6]。

　このような OR 活動は，その成果を高く評価され，軍の OR は戦後も打ち切

られることなく今日に至っている。特に，1946年にアメリカ空軍のアーノルド

大将とダグラス航空機のドナルド・ダグラス（D.Douglas）との努力によって

発足したランド・プロジェクト（Project RAND）は，1948年にランド研究所

（RAND Corporation）となり，今日では巨大なシンク・タンクの1つとなって

いる[6]。

　以上，イギリスの OR が，ティザードやブラッケットなど，人を中心として

発達してきたのに対し，アメリカでは組織が中心となって OR の発展がもたら

されたといえよう。

演習 4　第二次世界大戦中の OR 事例について，日本の神風特攻隊以外に
どのようなものがあるか調べよ。

3　OR から経営科学へ

　第二次世界大戦後，民需の拡大とそれに対応した企業組織の複雑化に伴い，

企業の意思決定はますます困難になってきた。このような社会的経済的背景の

もとに，産業界への OR の浸透は進められた。

　まず，イギリスでは，経営者たちに，OR が斬新で価値ある手法であるとい

う認識をもたらした。次に，アメリカでは，テイラーの科学的管理法から発展

した経営診断業務が定着してきており，軍事上の OR に従事していたスタッフを専門家として受け入れる体制が整っていた[7]。

　このようにして，OR の産業界への出現が，さらに多くの科学者の目を経営の諸問題に向けさせた。そして，1947年にダンツィグ（G.Dantzig）によって，線形計画問題の解法としてのシンプレックス法（Simplex Method）の開発や，1950年代に展開されたベルマン（R.Bellman）によるダイナミック・プログラミング（Dynamic Programming）の基本的思想，さらにはコンピュータの飛躍的な発展が，OR の応用を著しく拡大した[7]。

　企業経営における OR の適用が進むにつれて，OR という名称が軍事的ニュアンスが強く，また企業経営における OR を1つの学問研究領域として確立しようとする意識もあり，次第に経営問題における意思決定に関心を持つ研究者たちによって経営科学（Management Science）という名称が使用されるようになる[7]。

　そして今日では，経営科学は，一般に OR，インダストリアル・エンジニアリング（Industrial Engineering；IE），システムズ・エンジニアリング（Systems Engineering；SE）などを包括する総称として使用されている。

演習 5　次の語句について調べよ。
　① IE
　② SE
　③ QC（品質管理）

6　OR は，さまざまな研究者によって定義されている。これらの OR の定義について調べよ。

7　経営問題に対する OR の応用事例について調べよ。

4　経営科学とコンピュータ

　経営科学の諸手法を実際の企業経営に応用しようとすると，設定される問題が大きすぎたり，複雑になりすぎたりするため，計算量が膨大なものになりかねない。特に，大規模，複雑化する企業においては，多数の要因が問題に複雑に関係してくる。

　本書で取り扱う問題は，簡単のために，手計算であるいは，電卓で解くことができる問題としている。しかしながら，実際の企業経営で直面する大きな問題の場合には，それを解くための情報処理は膨大なものになる。

　したがって，コンピュータを用いて，このような膨大な情報を処理していく必要がある。

　経営科学は，企業経営における問題解決のために大変有効であるが，その実務への普及は，コンピュータの普及と活用による企業の情報処理能力の拡大が前提となっている。

　また，経営科学の諸手法が，ソフトウェア・パッケージとしても多数市場に出回るようになってきた。これらを有効に活用することによって，プログラム作成の手間を省くこともできるだろう。

　以上のように，経営科学とコンピュータの利用は，経営科学のさらなる発展の可能性を秘めている。

《引用・参考文献》
〔1〕　近藤次郎『オペレーションズ・リサーチ』（OR ライブラリー1）日科技連，1973年，34-35頁。
〔2〕　加藤あけみ『経営科学論』（新しい時代の経営選書16）創成社，1993年，7頁。
〔3〕　F.W. Lanchester : Aircraft in warfare, the dawn of the fourth arm, Constable and company limited, 1916, pp.63-66.
〔4〕　近藤次郎，前掲書，2-3頁。

〔5〕 近藤次郎，前掲書，4-5頁。

〔6〕 加藤あけみ，前掲書，10-12頁。

〔7〕 加藤あけみ，前掲書，12-15頁。

第3章

経 営 工 学

1 経営工学の史的展開

　18世紀後半にイギリスで始まった産業革命（Industrial Revolution）は，人類の歴史に大きな変革をもたらした。この産業革命の文明史上の意義は，次の2つに要約することができる。第1に，生産手段の器具ないし道具から機械への転換による肉体労働から機械生産への変質，第2に，家内制手工業から工場制機械工業への転換による生産形態の変質である[1]。したがって，紡績機械，蒸気機関などの発明によって，生産と動力が結合することで，新しい生産方式としての工業化の時代に入ったことに，革命としての意義が見いだせる。

　綿や麻などの植物の繊維や羊や山羊などの動物の毛から糸を作るためには，これらの天然繊維を細長くねじって紡ぐことで糸にする必要があった。この作業を紡績という。手作業から糸車と呼ばれる道具を使用するようになったが，天然繊維を撚って連続的に糸にする装置が紡績機械である。そして，この紡績機械を一箇所に集め，糸を大量に生産するための紡績工場が登場することになる。

　また，人類が火を使うようになったのは，50万年前とも150万年前とも言われている。火を使って調理を行う際，鍋に水を入れてふたをし，その鍋を火で加熱すると蒸気が発生し，その蒸気は鍋のふたを持ち上げることができるほどの力があることは，昔から知られていた。この蒸気を利用した最も古い蒸気機

関としては，紀元1世紀頃にアレクサンドリアのヘロンによるアイオロスの球（aeolipile）またはヘロンの蒸気機関（Hero engine）が存在している。その後，商用レベルにまで改良したのは，イギリスのトーマス・ニューコメン（T.Newcomen）であったが，蒸気を冷やす際に，シリンダも冷やすため熱効率が悪かった。しかし，ジェームズ・ワット（J.Watt）は，蒸気を冷やすためにシリンダから復水器に移動させる方法を取り入れ，シリンダを高温のまま保つことで，熱効率の良い蒸気機関の開発に成功した。しかも，蒸気の力で上下するピストン運動を，車輪の回転運動に変える装置も開発した。これにより人類は，効率の良い，実用的な動力を手に入れたのである。当時は，ものを運ぶには馬の力を借りていた。そこで，ワットは馬1頭が荷を引く力を1馬力（Horse Power）と定義し，蒸気機関の力を表す単位に使用した。

ワットは，蒸気機関を工場で生産し，蒸気機関の能力を馬力で示すことで販売を行った。ワットの蒸気機関は，排水ポンプの他に工場の強力な動力源として活躍した。また，前に進むことのできる蒸気機関は，蒸気船や蒸気機関車など大規模な輸送と移動への発展にもつながった。なお，単位時間当たりの仕事を表す仕事率の単位W（ワット）は，ワットの偉業を記念してつけられた。

家内制手工業から工場制機械工業への転換は，経営のあり方にも大きな変革をもたらした。すなわち，これまでの経営者の経験や勘に頼る経営から，次第に計画的経営へと変わり始めたのである[2]。

例えば，ワットは1796年，蒸気機関の製作のために，バーミンガムに工場を作る。そして，彼の息子のジェームズ・ワット2世は，この工場の管理を行い，市場予測に基づく生産の計画化，生産工程の標準化，作業の分業と単能化，部品の規格化などをかなりの規模で導入するなどの業績を残している[3]。

ところで，分業という考え方は，中世都市国家におけるギルド制に見ることができる。これは，手工業職人が製靴職人，服仕立職人，石工，鍛冶，刃物師などの専門的職業に分かれて1つの社会的地位を形作るものである。しかし，この時代にあっては，工場制手工業の段階であり，技術的段階から見れば手工業的形態であって，未成熟な段階としての分業であった[4]。

　これに対して，ワットの分業形態は，機械制大工業の萌芽ともいうべき大量生産を前提としたもので，部品，部材の規格化により，どれを使っても完成品を組み立てることのできる互換性生産方式に基づくものであった点で，その形態が異なる[4]。

　時を同じくして，フランスでは，ナポレオンが台頭する。ナポレオンはフランス革命期にフランス軍の下士官から戦場においてその能力を発揮し，瞬く間に昇進していく。その姿は，フランス革命の理想である自由と平等，友愛を体現する英雄と見なされ絶大な人気があった。しかし皇帝に即位することで英雄から独裁者と見なされ，さまざまな方面に影響を与えた。例えば，ドイツでは，作曲家ベートーヴェン（Ludwig van Beethoven）が活躍しており，3番目の交響曲『英雄』は，ナポレオンに捧げるために作られたと言われているが，ナポレオンが皇帝に即位したことで落胆し，ある偉大な人物の思い出を記念してと題名を書き換えたという逸話がある。

　ナポレオンの才能は，戦場においてのみではなかった。彼は，画法幾何学の父と呼ばれるガスパール・モンジュ（G.Monge）などに軍事訓練の一部として数学の授業を行わせた。この授業では，大砲の発射角度と着弾距離の関係について調べることで，素人の兵でも砲術専門家と同様に大砲を打つことを可能としたのである。これは，工業で言う標準化と同じ思想である[3]。

　その後モンジュの幾何学は，パリのエコール・ポリテクニック（École Polytechnique）で標準化された軍事技術を生み，後のアメリカで最も古い陸軍士官学校（United States Military Academy）ウエスト・ポイント（West Point）を含め，19世紀初期のすべての砲工学校の模範となる[3]。

　このフランスにおける数学の成長は，ヨーロッパにおいて，夜明け前の機械工業にとって絶対必要なものとなった。

　しかしながら，イギリスでは企業間競争の秘密主義からアメリカやドイツの近代的機械設備に追い越され，その後のイギリスの進歩はなく，ついで自由主義，オープン主義のアメリカは，産業革命後わずか半世紀足らずで世界第一の工業国となるに至る[3]。

　一方，アメリカのテイラー（F.W.Taylor）による科学的管理法（Scientific Management）は，その発想において，またその内容において，当時としてはまさに画期的なものであった。世界の文明史，産業史，技術史上テイラーほど大きな影響力を与えたものは少なく，実質上アメリカ経営学ひいては経営工学の出発点となったといっても過言ではない。

　19世紀後半のアメリカは，南北戦争（American Civil War）後の復興期であり，産業界は多事であった。戦後の急激な物価騰貴，波状的に発生する深刻な不況，つぎつぎに結成される労働組合，ヨーロッパから大量に送り込まれてくる質の悪い労働者などへの対応などである[5]。

　当時は，産業革命の影響を受けて，工場の機械化はかなり進んでいたが，人の扱いの面では無関心な経営者も多かった。そのため「出来高払い制」をめぐる労使の対立が激しく，労働者は賃率切り下げの対抗手段として意識的に生産性を落とすのみでなく，仲間同士で談合して組織的怠業を行うことも多かった[5]。

　テイラーは，1878年フィラデルフィアのミッドベール製鋼所に入社，1882年旋盤職場の準備係職長に昇進する。そして，労働者の怠業への対策について検討するようになる。その結果，合理的な賃率の設定のためストップ・ウォッチを用いて時間を測り，標準時間を求める時間研究を導入する。1899年テイラーはベスレヘム製鋼会社に移るが，この間なおも研究を続け，1911年科学的管理法の原理（The Principles of Scientific Management）を発表する[5]。

　この科学的管理法は，後継者に引き継がれさらに発展を遂げることになる。

　同じ頃，1896年，ヘンリー・フォード（H.Ford）は，自動車の試作に成功する。フォードの最も特色ある経営指導原理は，フォーディズム（Fordism）と呼ばれている。これは，アイデアと機会の重視，徹底した大衆奉仕のサービス精神，そして利潤動機の排斥を挙げることができる[6]。

　フォーディズムの具体化したものをフォード・システムと呼んでいる。その内容は，小型でシンプルな構造を持つ自動車を廉価で市場に供給するための製造方式である。すなわち，生産の標準化と移動組立方式からなる独自の生産シ

ステム，いわゆるコンベア・システムによる流れ作業である[6]。

　これにより，フォードは彼が理想とした高能率，高賃金，低価格を実現したのである。

　以後，統計的品質管理（Statistical Quality Control; SQC），人間工学，OR，システム工学などにコンピュータの発達が加わって，経営工学として確立されていくことになる。統計的品質管理，OR，システム工学などについては，他の章で述べるが，このような歴史的な展開を経て今日の経営工学という学問が存在するのである。

演習 **1**　フォード・システムについて調べよ。

　　2　伝統的 IE（古典 IE）と近代的 IE（現代 IE）について調べよ。
　　　ポイント　第二次世界大戦を境として …

2　経営工学の定義

　前節で述べたように，経営工学は，主としてアメリカを中心として発達し，インダストリアル・エンジニアリング（Industrial Engineering；IE）と名づけられた。これは1910年，アメリカ東部の鉄道会社が運賃値上げ運動を起こした際にテイラー派がこれに反対する立場をとったため，大企業およびウォール街の人たちから科学的管理法に対する反発が強まり，これを回避するためにテイラー派および科学的管理法の実務家たちが自らをインダストリアル・エンジニアと呼称したことに始まる[7]。またこの定義については，次の2つの定義が有名である。

　まず1つ目は，1943年のアメリカ機械学会（American Society of Mechanical Engineers；ASME）の定義で，「IE とは，決められた時間に，最適の原価で，

望ましい数量および品質の生産を達成するために，人・設備・資材を利用して調整する技法ならびに科学である。」[8]としている。「この中には，建物・設備・レイアウト・人的組織・作業方法・生産工程・日程計画・標準時間・賃率・賃金制度・原価・品物とサービスの品質・数量を管理する組織などに関するデータを収集・分析し，処置することを含む。」[8]

次に2つ目は，1955年のアメリカIE協会（American Institute of Industrial Engineers；AIIE（現在 Institute of Industrial and Systems Engineers；IISE））の定義で，「IEとは，人・物・設備の総合されたシステムの設計・改善・確立に関するもので，そのシステムから得られる結果を明確にし，予測し，かつ評価するために，工学的な解析・設計の原理や方法とともに，数学・物理学・社会科学の専門知識と技術とを利用する。」[9]としている。

我が国においては1990年，日本学術会議経営工学研究連絡委員会が作成し，日本学術会議によって承認された「経営工学の体系化にむけて」の中で，「経営工学とは，経済の発展と人類の福祉を目指して，社会や企業などの人間の組織的な諸活動を工学的立場から統合し，かつ推進するための管理技術の体系である。」[10]と定義されている。

また1983年，浅居教授による定義では，「経営工学とは，種々の経営システムの最適設計・改善・最適運用の工学である。」[11]としている。「ここで，種々の経営システムとは，種々の分野（企業，行政，社会，教育，医療，交通など）や，種々のレベル（例えば，企業全体か，その中の部分システムとして，販売・生産・人事などのシステム，あるいは，さらに小さい工程の一部など）にあるシステムを意味する。また，最適設計・改善・最適運用とは，最良のシステムを初めから設計したり，既存のシステムの一部または全体にわたって改良を加えたり，また，このようにしてできあがった経営システムを最良の状態で管理・運営することである。この場合の最良とは，各経営システムの目的によって異なるが，例えば生産システムでは，製品の品質や量，原価，生産速度などの尺度の総合により経営トップの意思決定によって方向付けられる。さらに，工学としているのは，具体的に，有用な経営システムを実現し，これを効

果的に運用できるように種々の工学的手法を大いに利用しようということで，もちろん，その他の人文・社会・自然科学の手法・用具も広く活用する。」[11]と付け加えられている。本書では，この定義の立場に立って，経営工学をとらえたい。

　したがって，経営工学はもはや IE ではなく，IE を含めた新しい学問となっていて，製造業を中心とする第二次産業のみでなく，農業・林業・漁業・水産・養殖業などの第一次産業，金融業・不動産業・通信業・サービス業などの第三次産業などにおける，種々のレベルでの経営システムの設計・改善・運用にも用いられる。

　演習 **3**　インダストリアル・エンジニアリングの訳として，経営工学という名称以外にどのような名称があるか調べよ。

　　　　　4　経営工学を英語で呼ぶ場合に用いられる言葉を調べよ。

3　経営工学と他の工学

　経営工学は，その発達の歴史からわかるように，伝統的 IE（Classical Industrial-engineering）の時代において，実際の工場現場での部分的な改善の経験の蓄積を重ねて発展し，その後近代的 IE（Modern Industrial-engineering）において，統計的手法や OR などの数学的あるいはシステム的方法論が用いられてきた。

　ここでは，このような経営工学と他の工学との違いについて整理しておきたい。経営工学は，機械工学や電気工学などの古くからの工学と異なる位置関係にある。機械工学や電気工学などの固有工学と呼ばれる工学は，固有技術を用いて，その分野に対して深く掘り下げる形で，種々の応用がなされていく工学

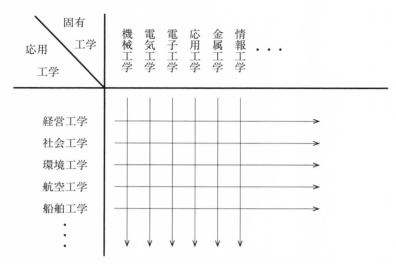

図3-1 経営工学と他の工学との位置関係

である。これに対して，経営工学は，前節の定義で示したとおり，種々の経営システムという応用分野が限定されていて，その応用のために，独自の手法のほかに他の固有技術や人文・社会・自然科学などの手法や用具を活用する工学である[12]。

　経営工学と同じような立場として，社会工学や環境工学などが挙げられる。社会工学は，社会システムという分野に対して，また環境工学は環境システムという分野に対して，その応用のために特別に構成された応用工学である[12]。

　これらの位置関係を**図3-1**に示す。

　図3-1のように，固有工学は，縦方向に深く掘り下げる学問であり，経営工学は，応用工学として，これら固有工学を，関連する度合いの多少はあるが，横方向につなげる役割をも持っている。なお，工学以外の分野でも，同様な位置関係を見ることができる。

演習 5 生産システムを設計する場合に，機械工学や電気工学のような固

有工学と，経営工学との役割分担について考えよ。

4　経営工学の一般的なアプローチ

経営工学の一般的なアプローチを示すと，**図3-2**のようになる。

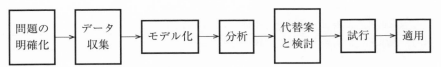

出典：浅居喜代治編著『現代経営工学概論』オーム社，1983年，6頁図1.2の一部

図3-2　経営工学の一般的なアプローチ

図3-2において，まず，ある経営システムにおいて，設計・改善・運用の
いずれかについて，問題が与えられると，その目標と範囲とを定める。次に，
対象のシステムの特性を知るために，モデル化に必要なデータを測定などの方
法によって集め，これを基にしてモデルを作る。モデルについて，分析を行い，
対象のシステムの特性を明らかにする。以上の結果を基にして，問題解決のた
めにいくつかの代替案を考え出し，評価のうえ，最良のものを選び，ついで実
行可能なように修正する。修正して実行不可能なときには，代替案の第2次案
につき考え，以上のプロセスを繰り返す。このようにして得られた最良案を現
場で実験的に使用してみて，検討を行う。問題がなければ，実施に入り，ここ
でさらに必要な手直しを行う。また，今後の参考とするために，実施時に種々
のデータを収集しておく[13]。

《引用・参考文献》

〔1〕　鈴木成高『産業革命』弘文堂，1953年，18頁。

〔2〕　森俊治編著『現代工業経営学』有信堂，1982年，31頁。

〔3〕　高城重道『生産工学概論［増補版］』パワー社，1984年，1頁。

〔4〕　森俊治編著，前掲書，32-33頁。

〔5〕　森俊治編著，前掲書，34-35頁。

〔6〕　森俊治編著，前掲書，38-41頁。

〔7〕　森俊治編著，前掲書，43頁。

〔8〕　The American Society of Mechanical Engineers, 1943.

〔9〕　American Institute of Industrial Engineering, 1955.

〔10〕　佃純誠・村松健児・竹安数博『新しい経営工学』中央経済社，1997年，36頁。

〔11〕　浅居喜代治編著『現代経営工学概論』オーム社，1983年，3-4頁。

〔12〕　浅居喜代治編著，前掲書，4頁。

〔13〕　浅居喜代治編著，前掲書，6-7頁。

第4章

経営管理理論

1 経営管理理論

　前章のはじめに産業革命について述べたが，19世紀中頃からドイツやフランス，アメリカなどの工業力が上がり，イギリスの産業革命と区別する意味で，第二次産業革命（Second Industrial Revolution）と呼ばれるようになる。それに伴って，企業は「ヒト・モノ・カネ」の経営資源を効率的に運用し，生産力の増強を考えるようになった。その結果，経営管理理論が多くの学者，研究者，実務家によって発展していくことになる。このような多くの学者，研究者，実務家による経営管理理論は，いくつかの学派に分類することができる[1]。ここでは，各理論の概要を述べる。

2 古典学派

　古典学派とは，テイラーを始祖とする科学的管理法と，フランスの実業家ファヨール（H.Fayol）の管理論をいう。1880年代後半から1900年代の初頭にかけて，能率増進運動に取り組んだテイラーは，科学的管理法をアメリカの産業界に普及させた。科学的管理法とは，作業者の作業能率を向上し，かつ高賃金・低労務費を達成するために，公正な1日の作業量（a fair day's task）を課業とし，これに基づいて作業を進めるため次の3つの原則，(a)課業（task）

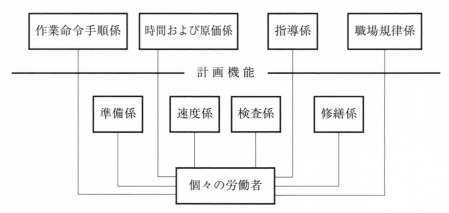

出典：D.A. Wren, *The Evolution Management Thought,* 1979, p.134

図4-1　職能式職長制度

の設定，(b)標準的作業条件の設定，(c)出来高払い賃金制度（Price Rate Sys-tem），すなわち，標準以上の作業達成の場合は高賃率で支払い，逆に未達成の場合は低い賃率とする課業管理（Task Management）を提唱した。そして，この課業管理を運用するために職能式職長制度を提唱した（**図4-1**）[2][3]。

　テイラーの科学的管理法は，多くの実務家，研究者や経営コンサルタントの貢献で，今日のIEや生産管理の体系と技法を形成した。

　一方フランスでは，ファヨールが，長年に及ぶ企業経営の経験から，1916年「産業及び一般の管理」（Administration Industrielle et Générale）を発表した。テイラーがオペレーション・レベルの効率を追求したのに対し，オペレーションとマネジメント活動を区分し，マネジメント活動の改善・向上を強調した。

　ファヨールは，あらゆる事業の経営には次の6つの活動が不可欠であるとした。

(1)　技術活動（生産，製造，加工）

(2)　商業活動（購買，販売，交換）

(3)　財務活動（資本の調達と運用・管理）

(4)　保全活動（財産と従業員の保全）

(5)　会計活動（財産目録，貸借対照表，原価，統計など）

(6)　管理活動（予測，組織化，命令，調整，統制）

　特にファヨールは，管理者が遂行すべき管理活動とは，予測（計画）化，組織化，命令，調整，統制からなる管理機能であることを明確化した。そして，ファヨールは，この管理機能を，すべての階層のすべての職能の管理者層が実施すべき普遍的なものであると述べている[4]。

　さらに，ファヨールは，今日多くの企業で採用されている職能別部門組織の原則を提唱している。

演習　1　テイラーの科学的管理法の継承者について調べよ。

　　　2　ファヨールの経営管理プロセスの継承者について調べよ。

3　人間関係学派

　テイラーの科学的管理法は，1910年代以降アメリカ産業界に広く普及し，製造業の製造現場の生産性向上に貢献するだけでなく，動作・時間研究に基礎を置く標準時間の設定，職務分析，作業条件の整備，賃金制度の導入等を進め，人事・労務管理の基盤になり，広く産業界に普及した。しかしながら，テイラーの科学的管理法に対して，労働組合，労働者側から非人間的であると非難されていた[5]。

　そのような折り，メイヨー（E.Mayo）とレスリスバーガー（F.J.Rethlisberger）の両名は1924年から1932年までの間に，シカゴのウェスタン・エレクトリック（Western Electric）社のホーソン工場において，効率化について実験研究を行った。ここでは，約46,000人の女子作業者達が，電話機器の製造を行ってい

た[6]。

　最初，職場の物理的環境（照明の明るさ，仕事場の広さ，休憩時間等）が，作業能率に及ぼす影響を調べる目的で始められた（1924年～1927年）。その途中で，作業能率に多大の影響を及ぼす人間的要素が発見されて，職場の人間関係に関する研究となった（1927年～1932年）。その主要な研究は，①照明実験，②リレー組立実験，③面接プログラム，④バンク配線観察実験の4つである[7]。

　①の照明実験では，「暗いより明るい方が作業能率が上がるであろう」という仮説のもとで実験を行った。しかしながら，実験に参加した女子作業者達は，暗くても明るくても高い能率を示した。

　②のリレー組立実験では，「休憩や作業時間が適切である方が，作業能率が上がるであろう」という仮説を実験した。しかし，この場合も，実験に参加した彼女たちは，作業条件が悪くても良くても高い能率を示したのである。

　「なぜこのような結果になったのか」，を明らかにしたのは，意図的な条件以外の内容まで詳細に記録していたことと，特に彼女たちの会話の内容であった。それは，(a)実験に参加した女子作業者たちは，初めから非常に仲良しで，気持ちよく仕事ができたということ（インフォーマル・グループ），(b)会社が実験を重視していたため，彼女たちは選ばれて参加したという意識を強く持ち，また，大学の先生から意見を求められ彼女たちの提案が取り上げられたということ（参加意識），(c)実験室には鬼のような監督者はおらず，大学の先生がいるだけで，彼女たちの中から自然発生的にリーダーができたということ（インフォーマル・リーダー）の3つにまとめられる。

　以上のように，作業条件ではなく心理条件が作業能率に強く影響しているということが浮かび上がった。

　③の面接プログラムでは，リレー組立実験の重大な発見から，真の心理的条件をみるために，実験室ではなく，平常の職場における状態を面接により調査した。そして，インフォーマル・グループやインフォーマル・リーダーが発見された。また，面接を続けている間に，面接の手法についても重大な発見をし，カウンセリングの開発にもなった。

　④のバンク配線観察実験では，面接で話されたインフォーマル・グループの存在を，実際の仕事上での観察によって確かめようとした。バンク配線作業には，個別時間賃率に作業時間をかけた基本給（能率給）と，別にグループの生産高に応じた奨励金（集団奨励賃金）が基本給を基準に各人に支給された。この集団奨励賃金によって各グループは，より高い生産高を上げるように努力するだろうと期待されたが，結果は違っていた。インフォーマル・グループが成立し，各人は会社のフォーマルな期待よりも，インフォーマルなルールによって，あまり働きすぎないようにし，1日の作業量はいつも一定であった[8]。

　これらの①〜④の実験研究を，ホーソン研究（Hawthorne Studies (or Experiments)）と呼んでいる。

　ホーソン研究によって，人間が単に経済的動機でのみ働くとしたテイラー・システムの「経済人」の仮説に対して，人間はもっと多面的動機で働くこと，特に人間関係を中心とした心理的・社会的な欲求によって動機づけられた人間，すなわち「社会人」の仮説を持つことが示された。

演習 **3**　ホーソン研究の後，どのような原理や技法が生まれたか調べよ。

4　行動科学学派

　1950年から1960年にかけて，前節で述べた人間関係論の研究者たちに心理学者，社会学者，社会心理学者，人類学者等が参加して，組織行動または行動科学という名称で多くの研究が行われた。その代表的研究者に欲求5段階説のマズロー（A.H.Maslow），XY理論のマグレガー（G.McGregor），アージリス（C.Argyris），動機づけ衛生理論のハーズバーグ（F.Herzberg），組織とリーダーシップのリッカート（R.Likert）等が挙げられる[9]。本書では経営組織論については言及しないので，これらの研究者のうち，マズロー，マグレガー，ハー

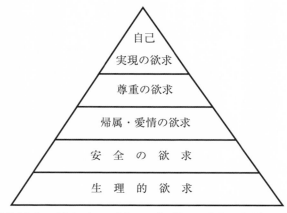

出典：A.H. Maslow, *Motivation and Personality*, Harper & Row Publishers, Inc 1954

図4-2　マズローの欲求5段階

ズバーグの理論を概説しよう。

　マズローは，人間の欲求には，①生理的欲求（Pshychological Needs），②安全（安定）の欲求（Safty Needs），③帰属・愛情の（社会的）欲求（Belongingness and Love Needs），④尊重の（尊敬を求める）欲求（Esteem Needs），⑤自己実現の欲求（Self Actualization Needs）という低次から高次に至る階層（**図4-2**）があり，1つのレベルの欲求がある程度適切に満足されると，次のより高次の欲求が顕在化してくると考えた[10]。

　すなわち，人間はまず第一に基本的な生理的欲求の満足を企て，それがある程度適切にかなえられると，次のより高い安全の欲求満足に向かっていくのである（**表4-1**）。

　マグレガーは，経営担当者の経営管理行動の背後にある考え方として，X理論とY理論があるとしている。

　X理論は，命令，統制に関する伝統的見解であり，暗に科学的管理法を意味している。それは，①人間は生まれながら仕事を好まず，できることならそれを避けようとする，②仕事を好まないという人間の特性のために，たいていの人は，強制されたり，統制されたり，処罰すると脅されなければ働かない，③

表4-1　マズローの欲求5段階説

欲求のレベル	欲求の5段階	充足手段
⑤ 自己実現の欲求	自分の生き方，考え方，仕事を最大限に実現したいという欲求	教育訓練，目標管理自己申告制自己啓発，職務充実
④ 尊重の欲求	自分が他の人から認められたいという欲求	適正配置，昇進・昇給の公平な運営，人事考課，表彰制度
③ 帰属・愛情の欲求	集団に属し，さまざまな集団の仲間になりたいという欲求	インフォーマル活動，人間活動施策，サークル活動，参加
② 安全の欲求	身の安全，生活の安全，身体的危険に対する恐怖，将来への保障に対する欲求	職場の安全・衛生，労災保障，給与の保障，社会保障
① 生理的欲求	衣食住などの人間の生命を維持していく欲求	賃金，適正な労働条件，社宅・寮

出典：A.H.Maslow, *Motivation and Personality*, Harper & Row Publishers, Inc 1954

普通の人間は，命令される方を好み，責任をのがれたり，あまり野心を持たず，何よりも安全を望んでいる，の3点である。

　Y理論は，X理論の全く逆の新しい人間性に対する考え方で，マグレガーが主張するものである。それは，①人間は生まれながら仕事が嫌いだということはない，②自分が進んでゆだねた目標のためには，自分自身を奮い立たせるものである，③目標達成に尽くすかどうかは報酬次第であり，最高の報酬は自己実現の欲求の満足である，④普通の人間は，責任を引き受けるばかりか，自ら進んで責任をとろうとする，⑤問題解決のための，かなり高度の創意・工夫，創造の能力はたいていの人に備わっているものである，⑥現代の企業において，日常，人間の知的能力はほんの一部しか生かされていない，の6点である[11]。

　マグレガーは，Y理論による自己実現の人間モデルを経営管理に適用することを主張した。

　ハーズバーグは，満足に寄与するものは仕事の内容たるM因子（motivators）—達成，承認，仕事自体，責任，昇進向上あるいは成長—であり，不満に寄与するものは，仕事の環境に関連するH因子（hygienic factors）—会社のポリシー，

監督技術，対人関係，給与，作業条件―であり，満足と不満は別次元のものと考えた。すなわち，満足の反対は満足でない，不満の反対は不満でない，である。そして，H因子の改善は，不満を除去するのに役立つだけであって，M因子の改善こそ自己実現の欲求充足によって，真の満足を与え，仕事におけるやりがいやモラールを向上させ，さらに生産性にも寄与する。したがって，職務にM因子を投入すること，すなわち，職務を拡大したり，充実したりすることが重要であると提案した[12]。

　その他の研究も含め，行動科学に共通なことは，人間の持つ欲求を認め，動機づけし，仕事の達成を認めることによって，企業（組織）目的を達成せんとするモデルであり，原理であり，施策であるということである。

> **演習** **4**　上述以外の行動科学の研究はどのようなものがあるか調べよ。

5　計量学派

　1909年，オランダのコペンハーゲン電話会社の技術者であるアーラン（A.K. Erlang）は，電話交換の確率理論的研究を行う[13]。これは後の待ち行列理論へと発展する。また1915年，ハリス（F.W.Harris）は，経済ロットサイズ公式を導く[14]。このモデルと公式は，現在でも在庫管理の基礎となっている（この公式については，第10章で述べる）。

　そして，第二次世界大戦中，ランチェスター，ブラッケット，モース，キンボール（G.E.Kimbal）等の英米科学者は，軍部の要請に基づいて，限られた兵器・弾薬等の軍事資源をもって，いかに効果的な軍事作戦を行うかを目的とする計量的技法であるORの研究・開発を行った。戦後これらの技法は，企業経営の各分野に応用され始めたが，特にコンピュータの発展による計算速度の高速化と大容量化はOR技法の広範な利用を促進した。これらの研究者グループ

を計量学派と呼んでいる[15]　（OR 技法については，代表的なものを第2部で取り
上げる）。

> 演習　**5**　　OR の代表的な技法にはどのようなものがあるか調べよ。

6　環境対応学派

　経営が直面している問題解決のためには，その環境または状況に対応し，そ
れぞれの解決策があることを提案する研究者グループを環境対応学派または状
況対応学派あるいは，コンティンジェンシー理論（Contingency Theory）と呼
んでいる[16]。

　環境または状況とは，外部環境（政治，経済，社会的影響等）や内部環境
（経営資源の制約，技術，技能，従業員の課業，モラール，従業員自身等）で
ある。これら，外部環境と内部環境の状況に対応した管理のあり方を求めてい
る。

> 演習　**6**　　フィドラー（F.E.Fiedler），ウッドワード（J.Woodward），ロー
> 　　　　　　レンスとロッシュ（P.Lawrence and J.Lorsch）などが，環境対応
> 　　　　　　学派に属するが，彼らの研究について調べよ。

7　システム理論学派

　フォン・ベルタランフィー（L.von Bertalanffy）は，その著書のなかで次の
ように述べている。

「現代科学のいろいろな分野で同じような一般的概念と観点が進化してきた。かつての科学では，観察される現象が互いに独立に調べることのできる，要素的単位の相互作用に還元して説明しようとした。ところが，今日の科学には，多少漠然と『全体化』と名付けられるようなものに関する諸概念が現れている。つまりそれは，オーガニゼーションの問題，局部的な事象に分解できない現象，各部分を個々に離したときと高次の構造を持たせたときとで部分の行動に差があることに明示される動的な相互作用などであり，要するに，ばらばらな各部分を研究したのでは理解できない，さまざまな秩序を持つ『システム』の概念である。」[17]

　この一般システム理論（1945年）で，今日よく用いられているシステムという言葉が初めて定義されたことになる。また，1947年ノーバート・ウィナー（N.Wiener）は，サイバネティクスの理論[18]で，今日のシステム理論で重要な，フィードバックの概念を確立している。この他，ボールディング（K.E.Boulding）等による一般システム理論と同時に，グードとマコール（H.Goode and R.E.Machrol），ホール（A.D.Hall）やチェスナット（H. Chestnut）らのシステム工学の理論と方法論は，1960年〜1970年代にかけて，経営管理の理論や企業経営の実践の場で広く利用されるようになった。特に，システム理論は，対象をシステムとして認識し，把握し，設計する枠組みを与えるだけの方法論でなく，システムズ・アプローチ（Systems Approach）による問題解決に貢献した[19]。システムズ・アプローチについては，第6章で述べる。

> **演習** **7**　システム工学の理論と方法について調べよ。

8　意思決定理論学派

　1938年，バーナード（C.I.Barnard）によって，経営組織論といわれる新しい

理論が展開される[20]。このバーナードによって提唱された考え方は，バーナード革命と呼ばれるほど，理論発展上画期的意義を持つことになる。本書では，経営組織論については触れていないので，興味ある読者は，他の文献を参照されたい。

　経営組織論の基礎を確立したバーナード理論を，意思決定の問題を中心としてさらに発展させたのがサイモン（H.A.Simon）である。サイモンによれば，経営管理において，行為に導く選択の過程が重要であり，それは意思決定に他ならないから，経営は意思決定であると考えた[21]。このサイモンの意思決定理論[21]については，第7章で述べる。

> **演習 8**　意思決定を支援する情報システムを，意思決定支援システム（Decision Support System；DSS）と呼ぶが，このDSSについて調べよ。

《引用・参考文献》

〔1〕　石原和夫・音成行勇『経営情報管理』中央経済社，1989年，15頁。

〔2〕　石原和夫・音成行勇，前掲書，16頁。

〔3〕　森俊治編著『現代工業経営学』有信堂，1982年，35-37頁。

〔4〕　森俊治編著，前掲書，41-42頁。

〔5〕　石原和夫・音成行勇，前掲書，19頁。

〔6〕　メアリー・ウォルトン『デミング式経営』プレジデント社，1987年，9頁。

〔7〕　大橋岩雄・村杉健『産業社会学』青巧社，1986年，18頁。

〔8〕　大橋岩雄・村杉健，前掲書，19-20頁。

〔9〕　石原和夫・音成行勇，前掲書，20頁。

〔10〕　森俊治編著，前掲書，78頁。

〔11〕　大橋岩雄・村杉健，前掲書，31-32頁。

〔12〕　大橋岩雄・村杉健，前掲書，39-40頁。

〔13〕 E.Brockmeyer, H. L. Halstrom, A. K. Erlang and A. Jensen, *The Life and Works of A.K.Erlang*, Akademiet for de Tekniske Videnskaber, 1948.

〔14〕 F.W.Harris, How Many Parts to Make at Once, *Factory the Magazine of Management*, 10, 1913.

〔15〕 石原和夫・音成行勇, 前掲書, 22頁。

〔16〕 石原和夫・音成行勇, 前掲書, 25頁。

〔17〕 L.von Bertalanffy, *General System Theory*, George Brariller, 1968. (長野敬, 太田邦昌訳『一般システム理論』みすず書房, 1973年)

〔18〕 N.Wiener, *Cybernetics (2nd ed.)*, MIT Press and Wiley, 1961. (池原止戈夫 他訳『サイバネティックス (第2版)』岩波書店, 1962年)

〔19〕 石原和夫・音成行勇, 前掲書, 25頁。

〔20〕 C.I.Barnard, *The Functions of the Executive*, Harvard University Press, 1938. (山本安次郎・田杉競・飯野春樹訳『経営者の役割』ダイヤモンド社, 1968年)

〔21〕 H.A.Simon, *The New Science of Management Decision*, Prentice-Hall, 1960.

第5章
経営の分析と計画

1　経営分析

　企業の経営状態を分析し，諸指標と比較して良否を判定し，経営を改善することを経営分析という。企業の経営状態を示す資料としてまず使われるのは会計記録である。株式会社の場合には，少なくとも年に1回は決算をして，貸借対照表（Balance Sheet；B/S）と損益計算書（Profit & Loss Statement；P/L），キャッシュフロー計算書（Cash flow statement, Statement of cash flow；C/F）を作成し，その年度末の財政状態と年度中の経営成績とを公表することが義務づけられている。決算結果の報告書は誰にでも利用できることから，貸借対照表と損益計算書，キャッシュフロー計算書を使った経営状態の分析が行われるようになった[1]。

　経営分析は，第二次世界大戦前，アメリカの銀行が融資先の債務返済能力や財産状態を知るために始められた。その後，投資家が投資先の収益性や成長性を分析するようになり，やがて経営者や管理者が自社を改善するために用いるようになる。最近では，投資活動が国際的になり，アメリカの格付け会社，ムーディーズ・インベスターズ・サービスやスタンダード・アンド・プアーズなどが投資家保護のために上場企業の格付けを行っていることは，周知のとおりである。

　企業の利益は損益計算書において収益と費用との差額として示されるが，費

表5-1　損益計算書

| Ⅰ. 売上高 |
| Ⅱ. 売上原価 |
| 　売上総利益 |
| Ⅲ. 販売費および一般管理費 |
| 　営業利益 |
| Ⅳ. 営業外収益 |
| Ⅴ. 営業外費用 |
| 　経常利益 |
| Ⅵ. 特別利益 |
| Ⅶ. 特別損失 |
| 　税引前当期純利益 |
| Ⅷ. 法人税，住民税および事業税 |
| 　当期純利益 |

用の性質に応じて，売上総利益，営業利益，経常利益，税引前当期純利益，当期純利益の5段階に区分表示することになっている。売上総利益（粗利益）は，期間中の売上収益（売上高）から販売した製品の製造および仕入に要した売上原価を引いたものである。営業利益は，売上総利益から製造部門以外で営業活動や管理活動に要した販売費・一般管理費（営業費）を引いたものである。経常利益とは，売上高に利子・割引料・受入配当金など金融や投資に関連して生じた営業外の収益を加えたものから売上原価，営業費，営業外費用を引いたものである。税引前当期純利益とは，経常利益に遊休不動産の売却益や災害損失など正常な経営活動とは関係のない特別利益と特別損失とを加算したものである。当期純利益とは，税引前当期純利益から法人税や都道府県税などを差し引いたものである[2]（**表5-1**参照）。

　また，貸借対照表では，左側（借方）に資産項目，右側（貸方）に負債および純資産（資本）項目を対照させ，資本の期首在高（資本金と剰余金の積立・

表5-2　貸借対照表

借方	貸方
資産の部	負債の部
	純資産（資本）の部
資産合計（総資産）	負債・純資産（資本）合計（総資本）

繰越分の合計）に対する期末在高の増加分の形で当期純利益を示すようになっている。

　企業出資者の立場に立てば，負債はマイナスの資産であって，資産から負債を控除した正味資産に相当する部分が純資産（資本）と考えられる。しかし，企業の立場からは，負債を外部の債権者から調達された他人資本とみて，内部の出資者から調達された自己資本と並置し，他人資本と自己資本とを合計した総資本を資本として扱う。総資本は金額的に総資産に対応する。すなわち，

$$総資産＝負債＋純資産（資本）＝他人資本＋自己資本＝総資本 \quad (5.1)$$

である（表5-2参照）。

　キャッシュフロー計算書は，実際の「お金の流れ」で会社の実態を表す財務表である。キャッシュフロー計算書には，営業活動によるキャッシュフロー，投資活動によるキャッシュフロー，財務活動によるキャッシュフローの3つに区分される（表5-3参照）。

表5-3　キャッシュフロー計算書

Ⅰ．営業活動によるキャッシュフロー
Ⅱ．投資活動によるキャッシュフロー
Ⅲ．財務活動によるキャッシュフロー
Ⅳ．現金および現金同等物の増減額
Ⅴ．現金および現金同等物の期首残高
Ⅵ．現金および現金同等物の期末残高

経営分析では，収益性，安全性，生産性および成長性を分析する[3]。

(1) 企業の収益性

　企業の収益性をみる代表的な指標は，総資本経常利益率である。売上高や経常利益の金額だけを見たなら，大きな規模の企業ほど良いことになってしまうが，より少ない総資本で，より多くの経常利益を出している企業が良いという考え方から，この比率を用いれば，企業の規模の大小にかかわらず判断を下せることになる[4]。

$$総資本経常利益率 = \frac{経常利益}{総資本} \qquad (5.2)$$

この式を展開すると次の式が得られる。

$$総資本経常利益率 = \frac{経常利益}{売上高} \times \frac{売上高}{総資本}$$

$$= 売上高経常利益率 \times 総資本回転率 \qquad (5.3)$$

　企業の収益性を上げるためには，売上高経常利益率を高め，総資本回転率を上げる必要がある。売上高経常利益率を高めるためには，損益計算書を検討すればよい。このとき，売上高が増加し経常利益も増加する場合を増収増益と呼び，売上高が減少しても経常利益を増加させる場合を減収増益と呼ぶ。減収増益とするためには，売上原価を削減させるか，設備投資費を控えて減価償却費を減少させ，早期退職優遇制度の導入や新規採用者の抑制によって人件費や労務費を抑制し，金利負担を軽減させる，いわゆるリストラクチャリング（事業の再構築）を行わなくてはならない。

　また，総資本回転率を上げるためには，貸借対照表を調べて，それぞれの資産を減少させる必要がある。このため，売上債権回転率（売掛金，受取手形，割引手形，譲渡手形），棚卸資産回転率（商品・製品，仕掛品，原材料，貯蔵品），固定資産回転率などを高めるのである。

> 演習 **1**　企業の収益性をみる指標として，総資本経常利益率の他に，経営資本営業利益率がある。この経営資本経常利益率について調べよ。

　なお，総資本回転率は，事業の効率性を示す指標となるが，総資本利益率（Return On Assets；ROA）（総資産利益率）は，事業に投下されている資産によって，どれだけ利益を得られたかを示す指標として用いられる。そのためROA は，事業の効率性と収益性を同時に示す指標となる。一般に5％以上で優良企業とみなされる。

$$ROA = \frac{当期純利益}{総資本} \tag{5.4}$$

　さらに，株主の投資額に比してどれだけ効率的に利益を獲得したか，を判断するのに用いられる指標として，自己資本利益率（Return On Equity；ROE）がある。これは，当期純利益を，前期および当期の自己資本で割ることで計算される。一般に10〜20％程度であれば優良企業とみなされる。

(2)　企業の安全性

　企業の安全性[5]をみるために，安全性分析あるいは流動性分析として，次の5つの経営比率を用いる。
① 　短期債務に対する支払い能力を判定する指標
　（i）　流動比率
　　　流動資産を流動負債で割ったもの。貸借対照表を作成した日（貸借対照表日）の翌日から向こう1年間の支払い能力を示す。一般に，150％以上が望ましい。
　（ii）　当座比率（酸性試験比率）
　　　当座資産を流動負債で割ったもの。貸借対照表日の翌日から向こう1年間の支払い能力を示す。一般に，100％以上が望ましい。

② 長期債務に対する支払い能力を判定する指標

(ⅲ) 固定比率

　固定資産を自己資本で割ったもの。自己資本だけの設備投資の安定度を示す。一般に，100%以下が望ましい。

(ⅳ) 固定長期適合率

　固定資産を長期資本（資本と固定負債の合計）で割ったもの。長期資本を加えた設備投資の安定度を示す。一般に，100%以下が望ましい。

③ 資本構造の安定性を判定する指標

(ⅴ) 自己資本比率（株主資本比率）

　資本を総資本で割ったもの。自己資本の充実度を示す。一般に，50%以上が望ましい。

演習 **2** 流動比率を引き上げるには，どのようにすればよいか。

　　ポイント　①売掛金の残高を減らす。②受取手形の残高を減らす。③棚卸資産の残高を減らす。

3 固定長期適合率を引き下げるには，どのようにすればよいか。

　　ポイント　①長期貸付金，遊休固定資産を減らし，得られた現金で固定負債を減らす。②取引先との「株式の持ち合い」の解消。③短期借入金の返済，仕入単価の引き下げなど。

4 自己資本比率を高めるためには，どのようにすればよいか。

　　ポイント　①総資本を減少する。②自己資本を増やす。

---

(3)　企業の生産性

一般に生産性（Productivity）は，投入（インプット）と産出（アウトプッ

ト）の比率を用いて，次の式で表す。

$$生産性 = \frac{産\quad出}{投\quad入} \tag{5.5}$$

　この式において，例えば自動車メーカーの生産性は，投入は従業員数，産出は生産台数として，従業員1人当たりの生産台数として数量化できる。しかしながら，これでは自動車メーカーの企業間しか比較できない。そこで，異なる産業間でも比較できる指標として，付加価値（自社が付け加えた価値）をもとに生産性を考えることになる。すなわち，

$$労働生産性 = \frac{付加価値}{従業員数} \tag{5.6}$$

として生産性を考える。この労働生産性は，付加価値生産性とも呼ばれる。なお，付加価値は，売上高から外部購入価値（外部から購入した財貨やサービス）を差し引いたものであり，例えば卸売業や小売業の場合は，売上高から売上原価を差し引いた売上総利益に相当し，製造業の場合は，売上高から材料費や外注加工費などを差し引いたものになる。

　付加価値の計算方法には，多種類あるが[6]，代表的なものは，次の2つである。

① 　控除法（中小企業庁方式）

　　生産高から，直接材料費，買入部品費，外注工賃，間接材料費を差し引いたものを加工費（付加価値）としている。

② 　加算法（日銀方式）

　　税引後経常利益，人件費，租税公課，賃借料，特許使用料，純金融費用，減価償却費の合計を付加価値としている。

　なお，税引後経常利益は，経常利益から法人税および住民税等を差し引いたものである。人件費は，当期製造費用のうちの労務費，販売費・一般管理費のうちの役員給与手当，従業員給与手当，福利厚生費，退職給与引当金繰入額，退職金の合計である。租税公課は，固定資産税，自動車税，登録免許税等の営

業に関係ある租税と事業税，法人税および住民税等である。特許使用料は，販売費・一般管理費と製造原価のうちの特許使用料である。純金融費用は，支払利息および割引料から受取利息および配当金を差し引いたものである。

労働生産性の式(5.6)は，次の式(5.7)や(5.8)のように展開することができる。

$$労働生産性 = \frac{固定資産}{従業員数} \times \frac{付加価値}{固定資産}$$
$$= 労働装備率 \times 資本生産性 \tag{5.7}$$

$$労働生産性 = \frac{売上高}{従業員} \times \frac{付加価値}{売上高}$$
$$= 1人当たり売上高 \times 売上高付加価値率 \tag{5.8}$$

したがって，労働生産性を向上させるためには，式(5.7)の労働装備率を高めればよいから，コンピュータやロボット，AI（Artificial Intelligence），ドローンを導入して自動化や無人化をはかることで従業員数を減らせばよい。また，式(5.8)の1人当たり売上高を高めるか，売上高付加価値率を高めればよい。

演習 5 売上高付加価値率を高めるための方法について，具体的な例を挙げて述べよ。

ポイント 付加価値の高い商品とは何か。

---

(4) 企業の成長性

企業の成長性を表わす指標には，

$$売上高成長率 = \frac{当期売上高}{前期売上高} - 1 \tag{5.9}$$

$$経常利益成長率 = \frac{当期経常利益}{前期経常利益} - 1 \tag{5.10}$$

$$総資本成長率 = \frac{当期総資本}{前期総資本} - 1 \qquad (5.11)$$

などがある。

2　経営計画

　経営分析の結果，明らかとなった企業の実態に基づいて，経営計画が立てられる。経営計画は，さまざまな観点から分類することができる。第1の分類は，経営構造計画と営業活動計画である。前者は環境変化に適応すべく経営の基本構造を変革するもので，戦略的計画となる。例えば，新製品計画，設備投資計画，立地計画，要員計画などである。また，後者は，経営構造計画を前提として，その上に立てられる日常活動計画である。例えば，生産計画，操業度計画，在庫計画などである。第2の分類は，長期経営計画と短期経営計画の区分である。1年を基準として長期と短期に分けるもので，5カ年計画，年次計画，半期計画，四半期計画，月次計画，旬間計画，週間計画，日程計画などに分けられる。長期経営計画は，先に述べた経営構造計画に，短期経営計画は同じく営業活動計画に，ほぼ対応している。第3の分類は，プロジェクト計画と期間計画の区分である。前者は，新製品計画，設計計画，機械化計画などの個別プロジェクトごとの計画であり，期間的には長期，短期の両方を含む。後者は一定期間（例えば会計年度）に関して設定された目標の実現のための計画であり，内容としては諸個別計画が含まれ，それらの期間的総括としての意味を持つものである[7]。

(1)　利益計画
　経営計画は，多面的な性格を持つが，それらはすべて利益計画[8]を基軸として展開される。長期利益計画から短期利益計画への関連のなかで目標利益が設定される。そして，この目標利益に基づいて，目標売上高，許容総費用が算出される。すなわち，

$$目標利益 = 目標売上高 - 許容総費用 \qquad (5.12)$$

である。このとき，企業にとっての目標利益額を算出し，それを確保できるだけの売上目標を設定しようというような計画の立て方を利益計画と呼んでいる。したがって，まず，目標利益を決めなければならない。

　企業として存続していくためには，株式会社の場合では，利益のなかから法律や契約で義務づけられている準備金や引当金を積み立て，世間並みの配当金や役員賞与も支払ったうえ，さらに経済の成長に遅れないよう規模を拡大するための資金貯蓄も必要である。納税後の残余でこれだけの負担をまかなうに足りるだけの税込利益額を獲得しなければならない。このようにして，目標利益の必要最低限度額が設定される。

　目標利益額が決まると，次にこれを確保するために必要な売上高の計算に移る。目標利益を売上の大きさとは関係なく固定して必要な項目と考え，固定費に上乗せして損益分岐図を描くと，目標利益の獲得に必要な売上高が損益分岐点（目標利益分岐点）の形で求められる。

　この目標利益分岐点での売上高を実現するように販売計画が立てられる。しかしながら，損益分岐図での固定費と変動費率は，過去の実績に基づいている。もし目標売上高の実現のために，新製品の取扱いや設備の更新などで，費用構造が変われば，損益分岐図の形も変わり，目標利益分岐点は移動することになる。

　したがって，暫定的な利益計画から始まって，販売計画や生産計画を作り，その結果をフィードバックして利益計画を修正し，それに基づいて修正販売計画や修正生産計画を作るといったように，利益計画と販売・生産計画とを循環させながら経営計画を実行可能なものに仕上げていかなければならない。

演習 6 損益分岐点の高い企業が危ないのはなぜか。

(2)　販売計画

　目標利益分岐点に対する売上高が決まると，それを実現するために，何をどれだけ売るかという販売計画[9]が立てられる。販売計画を立てるためには，売上高の予測をしなければならない。これには，過去の販売実績から次期の売上高を予測することが多い。予測のための手法については，本書では取り扱っていないが，時系列分析や回帰分析などの方法を用いることになる。

> 演習 **7**　時系列分析の手法をいくつか取り上げ，その特徴を比較せよ。また，回帰分析について調べよ。
> 　ポイント　移動平均法，指数平滑法，自己回帰モデルなど。

(3)　生産計画

　販売すべき製品の品種構成や月別の売上予定が決まれば，これをもとに生産計画[10]が立てられる。販売との関連で生産の方法をみると，標準品をあらかじめ生産しておき，注文があれば在庫品を引き渡す見込生産のタイプと，顧客の注文に応じて生産を開始する受注生産のタイプがあり，前者が製品の在庫量との関係で生産時期と生産ロットをどう決めるかということを問題にするのに対して，後者では原材料の在庫をどれだけ持ち，受注を生産日程にどう組み込むかということを問題とする。したがって，それぞれのタイプに応じた生産計画が立てられる。

> 演習 **8**　トヨタかんばん方式について調べよ。
> 　ポイント　①中間在庫の削減，②ジャスト・イン・タイム（Just In Time）

9 トヨタかんばん方式をベースとして生まれたサプライチェーン・マネジメント（Supply Chain Management）について述べよ。

　🔖**ポイント**　かんばん方式を発展させたQR（Quick Response），ECR（Efficient Consumer Response），そして，企業間のEDI（Electronic Data Interchange）化，CALS（Continuous Acquisition and Life-cycle Support）などのキーワードを入れて答えよ。

(4)　資金計画

　販売計画と生産計画とが立案されると，それぞれの担当部門はそれらの計画の実行に必要な資金額を計算して，財務担当部門に資金要求をする。財務担当部門では，各部門の資金要求を集計して，来期に必要な資金額を積算するとともに，販売計画による売上収入を中心として，(5.12)式の許容総費用の範囲内で，利用可能な資金を見積もり，収支を対照させた資金計画[11]を作る。

演習 10 ゼロベース予算制度（Zero-Base Budgeting System）について調べよ。

　🔖**ポイント**　ゼロ査定で資金の調達がない場合に事業の中止によってどんなマイナス効果が生じるかなどの効果の評価を組み込むことで調整を行う。

《引用・参考文献》
〔1〕　浅居喜代治編著『現代経営工学概論』オーム社，1983年，39頁。
〔2〕　浅居喜代治編著，前掲書，39-40頁。
〔3〕　浅居喜代治編著，前掲書，40頁。
〔4〕　浅居喜代治編著，前掲書，39-43頁。

〔5〕　浅居喜代治編著，前掲書，43-45頁。

〔6〕　森俊治編著『現代工業経営学』有信堂，1982年，245頁。

〔7〕　森俊治編著，前掲書，61-63頁。

〔8〕　浅居喜代治編著，前掲書，45-46頁。

〔9〕　浅居喜代治編著，前掲書，46-48頁。

〔10〕　浅居喜代治編著，前掲書，48-49頁。

〔11〕　浅居喜代治編著，前掲書，49-50頁。

56

第6章

システムズ・アプローチ

1 システムとは

　組織・制度のシステムで最も古いとされているのは，1世紀ごろに作られた仏教における曼荼羅であろう。「マンダ」は「本質」を，また「ラ」は「所有」をそれぞれ意味し，マンダラで「本質を所有するもの」すなわち，曼荼羅には，仏教の本質が結集されていると考えられる。曼荼羅は，大日如来を中心とする多くの仏が，1つの統制のもとに，仏教の教えを説く組織を1枚の図に描いたものであるとされているが，各仏が大衆に伝えようとする教えがばらばらでなく，システムとして一体になっていることが特徴である。この整然とした仏の組織・制度の考え方には，現在でも教えられるところが多い[1]。

　この組織，すなわち，人のシステムのほかに，昔から，機械・設備・工場あるいは情報や社会などのシステムが次々と作られてきた。このようなシステムには，いずれも目的があり，その目的を最大限に実現させようとして，計画・設計・改善あるいは運用面においての努力が払われている。また，目に見える人や機械の部分と，これらを効果的に動かすための，目に見えない規則とが，いつも表裏の関係で密接につながっている。したがって，システムは，いくつかの要素（人，もの，情報）を，ある目的が実現できるように，ある規則で集めたものであると定義することができる[1]。

演習 1　システムが大きくなると，どのようなことが考えられるか。

ポイント　サブシステム。

2　システム概念

　システム概念は，空間的に広く，時間的に長く考えることと定義する。空間的に広くとは，高所に立って広い範囲で物事を考えることであり，また時間的に長くとは，過去のデータや経験の利用，現在の情報の活用，さらにこれらを用いての将来の予測を行うことである。すなわち，物事の目的や枠組みを明確にしたうえで，その細部に入り具体的に考察するという順序をとり，この過程で，過去・現在・将来についての配慮を行うのである。細部の具体的な問題については，過去のデータや経験が活かされ，細かく具体的（局部的）に考えていく必要がある。大局的な立場から入ることによって，重要な要素とそれらの関係を見落とすことなく，また各要素の機能の和の機能を持つシステムではなく，その和よりはるかに大きい機能のシステムを実現していこうとするものである[2]。

3　システム思考

　システム的に物事を考えていかなければならない教訓として，1950年代初期に世界保健機関（World Health Organization；WHO）がボルネオ島で実施した猫投下作戦（Operation Cat Drop）[3]をあげることができる。1950年代初期にボルネオ島でマラリアの流行があった。そこで，WHO はマラリア原虫を媒介する蚊を撲滅するために殺虫剤の DDT（Dichlorodiphenyltrichloroethane）を広範囲に散布した。その結果，マラリアの発生を抑えることができたが，無関係な昆虫も同時に駆除することになった。特に捕食性の蜂が減少したことで，天

敵の居なくなった毛虫が大量発生し，家屋のヤシの茅葺き屋根を侵食した。その結果，ボルネオ島の住民は，屋根の修理に悩まされることになった。それだけではなく，DDT含有の蚊や昆虫を食べた小動物を猫が食べて猫が死亡した。その結果，天敵の居なくなったネズミの大量発生が起きた。ネズミの大量発生に伴って，住民の食糧が荒らされるだけではなく，ネズミが媒介する発疹チフスやペストが発生し，WHOはシンガポールのイギリス空軍の協力の下，猫をコンテナに入れて空からパラシュートをつけて投下する作戦を実施した。

　この猫投下作戦のように，短期的な解決が長期的には意図せぬ結果に繋がることがあるため，システム思考（Systems Thinking）で解決策を検討しなければならない。システム思考は，解決すべき問題や課題をシステムとして捉え，全体を俯瞰しながら，要素間の因果関係（Causal Link）に着目して本質的な構造を解き明かし，時間の経過につれて動く現象を捉え，問題や課題の解決を目指す思考法である。具体的なツールとしては，氷山モデル（Iceberg Model）や因果ループ図（Causal Loop Diagram）などが用いられる。

　氷山モデルでは，氷山のように海水面の上に見えている部分を「できごと（Events）」として考え，水面からすぐ下に見えている部分が「行動パターン（Patterns of Behavior）」を意味し，さらにその下の部分には「システム構造（Systemic Structures）」があり，このシステム構造が行動パターンを生み出していると考える。そのため，このシステム構造のどこに働きかければ望ましい行動パターンを生み出せるかを時間の変化と共に創造する。そして，氷山のさらに深い部分には，システム構造に影響を与える「メンタルモデル（Mental Model）」が潜んでいる。そこで，このメンタルモデルに働きかければ，自律的に学習し，常により良い行動パターンへの変化を創り出すことができる。

　因果ループ図は，システムを構成する要素の相互作用（原因−結果：因果関係）を，フィードバックループの組み合わせによって描いた図である。各々の因果ループは，自己強化型ループ（Reinforcing Loops；R）とバランス型ループ（Balancing Loops；B）に分類される。因果ループ図は，原因から結果に向かう矢印で示し，原因の変数が変化した時，矢印の矢の方になる結果の変数が増加

する場合は「＋」の記号で，逆に減少する場合は「－」の記号で記述する。このとき，同一のループ内に「－」の数が奇数ある場合は，その因果ループはバランス型ループ（B）であり，それ以外は自己強化型ループ（R）となる。描かれた因果ループ図を観察しながら，システム全体に好ましい変化を起こすために，外部からの適切な刺激を与える場所となるレバレッジポイント（Leverage Point）を探すことで，問題や課題の解決に結びつける。

4 システムの分類

システムは，その性格・構成要素・目的・構成法などによって種々に分類される。性格上から分類すると，ソフトシステムとハードシステムになる。ソフトシステムは，その実体を目で見ることのできないような制度・方式・法則・法律・方法・プログラミングなどのシステムである。ハードシステムは，機械や人間と機械との組み合わせのような実体のあるシステムである[4]。なお，人間と機械のシステムをヒューマン－マシン・システム（Human-Machine System）と呼ぶ。

構成要素からの分類は，例えば，要素が人間ばかりのときの組織，機械部品からなる機械システム，電子素子からなる電子システムなどである。

目的からの分類は，例えば交通管制システム，座席予約システム，教育システムなどである。

構成法による分類は，例えば階級制システム，論理システムなどである。

その他に自然システムと人工システム，オープン・システムとクローズド・システムなどがある。

演習 **2** ソフトシステムとハードシステムの具体例を挙げよ。

3 階級制システムと論理システムの具体例を挙げよ。

5 システムズ・アプローチ

　システム概念と同様にシステムズ・アプローチという用語が広範に使われている。これは，前述のシステム概念を用いて問題解決やシステム開発に従事する進め方のことである。一般にシステムズ・アプローチは，対象とするシステムの構成要素や部分を個別的に取り上げるのではなく，全体と部分との関係を重視して，研究または問題解決を図ることを意味する[5]。

　このシステムズ・アプローチの特徴としては，①トータル思考，②プロセスの明確化と標準化，③システムの分割，④チームワーク，⑤問題解決，⑥相互関係などが挙げられる[6]。

　そして，システム開発（分析・設計）のアプローチまたは，問題解決や意思決定のアプローチには，帰納的アプローチと演繹的アプローチとがある（図6－1参照）。

　演繹的アプローチの代表的な手法に，ナドラー（G.Naddler）のワークデザイン（Work Design）[7]がある。

演習 **4** 帰納的アプローチの問題の発見のための技法にはどのようなものがあるか調べよ。

　　　　ポイント　科学的アプローチや IE 的アプローチなど。

　　5 ナドラーのワークデザインについて調べよ。

帰納的アプローチ　　　　演繹的アプローチ

帰納的アプローチ	演繹的アプローチ
問題の発見・定義	目的・目標の決定
現状の情報収集	理想システムの構想
問題の分析	情報の収集
改善案の作成	代替案の作成
改善案の選択	実行可能案の選択
改善案の試行	最適案の試行
改善案の実施	最適案の実施
評価と歯止め	システムの評価

出典：石原和夫・高成行勇『経営情報管理』中央経済社，1989年，52頁

図6-1　帰納的アプローチと演繹的アプローチ

6　システム工学

　システム工学は，大規模・複雑なシステムを経済性・信頼性・安全性・対人間性などを考慮しつつ最良のものに創造していく学問である。

　このシステム工学の考え方は，本章2のシステム概念（57頁）に基づき，初めにシステムの目的を定め，枠組みを明らかにしたうえで，柔軟な姿勢で最良のシステムを見つけようとすることと，これをより確実にするために，事前調査・研究・計画と事後の補正とを十分に行おうとすることである。

　また，このような考え方に基づくシステム工学の一般的なアプローチを示す

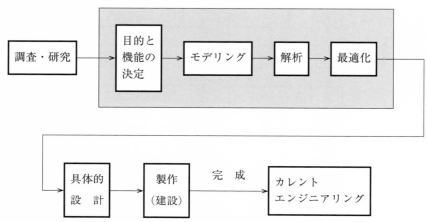

出典：浅居喜代治編著『現代システム工学の基礎』オーム社，1979年，12頁の図1-7の一部
図6-2　システム工学のアプローチ

と，**図6-2**のようになる。

調査・研究は，これから作ろうとするシステムに関係のありそうな基礎資料を集めたり，関連の特許や技術を調べたり，基礎的研究を行うなどの準備的行動であって，普段からその作業を進めておく。

計画段階は，目的と機能の決定・モデリング・解析・最適化の各ステップに分かれている。

目的と機能の決定は，システムの目的を明らかにし，その目的を実現するために，システムにどのような機能をもたせるべきかを具体的に調べることである。

モデリングは，システムを適当なモデルで記述し，どのようなシステムなのかを明確かつ具体的に表現することである。

解析は，システムの諸特性を調べ，後で行われる最適化や具体的設計の基礎資料とすることである。

最適化は，数学的に最良案を求めるか，または，できるだけ多くの代替案を作り，それらを評価して順位をつけ，最良案を選ぶことである。

　具体的設計は，計画段階での諸結果をもとにして，システムのソフト面およびハード面の具体的な設計を行う。

　製作は，システムを製作あるいは，建設することで，テストを行い完成となる。

　そして，システムが所期の目的どおりのものになっているか，システムを実際に運用しつつ，さらに試験を続け，必要に応じて手直しをして，より一層最良のシステムに近づけていく。また，種々の測定を行って，システム特性についてのデータを収集し，今後のシステムの改善や発展を図るときの基礎資料，あるいは類似のシステムを設計するときの参考資料とする。このようなシステム運用時における行動をカレントエンジニアリングと呼んでおり，これはシステムが廃棄されるまで続けられる[8]。

演習 6　システム工学の有用性を証明したと言われるアポロ計画について調べよ。

　ポイント　アメリカの航空宇宙局（NASA）のアポロ計画のことで，ロケットの打ち上げ操作，離陸後のロケットおよび宇宙船の無線による制御などをコンピュータで行った。

《引用・参考文献》

〔1〕　浅居喜代治編著『システム工学』日本放送出版協会，1986年，8-9頁。

〔2〕　浅居喜代治編著，前掲書，1986年，12頁。

〔3〕　World Health Organization（2005）. "Operation Cat Drop", *Quarterly news*, 60 : 6, Retrieved 2009-08-24.

〔4〕　浅居喜代治編著『現代システム工学の基礎』オーム社，1979年，3頁。

〔5〕　石原和夫・音成行勇『経営情報管理』中央経済社，1989年，47頁。

〔6〕　石原和夫・音成行勇，前掲書，48-49頁。

〔7〕　G. Naddler, *Work Design*, Irwin, 1963.（村松林太郎他訳『ワークデザイン』建

吊社，1966年）

〔8〕　浅居喜代治編著，前掲書，1979年，12-13頁。

第7章

意 思 決 定

1 意思決定の定義

経営科学・経営工学の研究には，いかなる問題に取り組むとしても，最終的には意思決定のプロセスと関連を持たざるを得ない。すなわち，経営科学・経営工学は，経営における意思決定の諸問題に対する科学的・工学的アプローチを，その中軸とするものである。

意思決定（Decision Making）とは，目的達成のために利用可能な複数の代替的行為の中から，実施のためにその1つを選択するプロセスであると定義することができる。このプロセスについては多くの見解があるが，ここではサイモンによる意思決定論[1]を取り上げておく。

2 人間行動モデル

サイモンは，意思決定のプロセスを重要視し，経営とは意思決定であると考えた[1]。そこに存在する「意思決定人」は，テイラー・システムの「経済人」のように経済的合理性の追求のみを行うものでもなければ，人間関係学派の「社会人」のように人間関係や感情にのみ従うものでもない，制約された条件の中で数個の代替案を作り，その中で満足するものを自由に選択するという意思決定能力を有している。そのような意思決定人の人間行動モデルを説明しよ

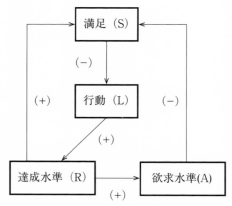

出典：J.G. March and H.A. Simon : Organization, John
Wiley and Sons, Inc., 1958
図7-1　サイモンの人間行動モデル

う。

　いま，満足をS，探求行動をL，欲求水準をA，達成水準をR（S，L，R，
Aは成果の期待価値であり，現在または将来予想される実現度）とする。探求
行動Lは，AとRとの間のギャップがあるとき，すなわち不満が大きければ大
きいほど強くなる。すなわち，達成水準Rが欲求水準Aより大きいと（R＞
A），人間は満足を得る。このとき，S＝R－A＞0である。一方，達成水準
Rが欲求水準Aより小さいと（R＜A），人間は不満を生ずる。このとき，S
＝R－A＜0である。この不満が人間行動を喚起するというのである[2]。

　人間行動モデルは，組織の行動を説明するのにも使用される。すなわち，組
織行動は，組織の目標（欲求水準）と組織の環境（環境が成果を決定する制約
条件となるため）とのギャップが問題を提起し，それに対する代替案を作成し，
そのうちの最も満足するものを選択するという意思決定行動と説明される。こ
の意思決定は，組織が環境に適応すべく組織の外に向いて行われるので，戦略
的意思決定と呼ばれる。組織の意思決定にはこの他に，その戦略的意思決定を
実行に移すための中間管理層が行う管理的意思決定やそれを実行するための第
一線監督者が行う業務的意思決定がある[3]。

演習 **1**　身近な問題を取り上げ，人間行動モデルに当てはめてみよ。

3　意思決定のプロセス

　サイモンは意思決定のプロセスを次のような一連のフェーズ（局面）を通してなされると考えた[4]。

(1) インテリジェンス・フェーズ（Intelligence Phase）

　内的・外的環境を探索して，意思決定を必要とするような状況や問題があるかどうか検討する。具体的には，

① データを収集する

② 追求すべき目的を明確にする

③ 問題を診断する

④ データを検証する

⑤ 問題を定式化する（明確に記述する）

(2) デザイン・フェーズ（Design Phase）

　インテリジェンス・フェーズで発見され定式化された問題を解決するのに役立つと考えられ，しかも実行可能な行動代替案を作成し，分析する。具体的には，

① データを収集する

② データを加工する

③ 目的を数量化する

④ 代替案を作成する

⑤ 代替案のリスクや価値を評価する

(3) 選択フェーズ（Choise Phase）

デザイン・フェーズでリストアップされた実行可能な代替案の中から最も好ましい（最適である，満足できる）と考えられる特定の1つの代替案を選択する。具体的には，

① 各代替案に関する統計的資料を作成する
② 各代替案の結果をシミュレートする
③ 各代替案を説明する
④ 1つの代替案を選択する
⑤ 選択理由を説明する

そして，サイモンは，独立して扱ってはいなかったが，多くの論者達が4番目のフェーズとして次の実行のフェーズを強調し，サイモン自身も改訂版[5]において次のフェーズを追加している。

(4) 実行フェーズ

選択された代替案を実行に移す。

これら(1)～(3)のフェーズの間では，常にフィードバックが行われ，選択，実行のフェーズに到達する。

4 意思決定のタイプ

サイモンは意思決定のタイプを，意思決定者が解決すべき問題の性質に着目して，次の2つに分類している[6]。

(1) プログラムド意思決定（Programmed Decision）

経営の各分野では，毎日，毎週，毎月のように反復・繰り返し的に発生する問題があるが，このような場合，その業務の処理方法を手続きマニュアルに制

定すれば，その後それに準拠して処理すれば問題の解決が容易となる。この場合，この手続きマニュアルをプログラムといい，ここで決定される意思決定をプログラムド意思決定という（定型的意思決定ともいう）。

(2) ノンプログラムド意思決定（Non-programmed Decision）

プログラムド意思決定とは逆で，反復・繰り返し的に問題が発生しないケースで，単発的で新奇に発生するような問題に対して行う意思決定をノンプログラムド意思決定という（非定型的意思決定ともいう）。

また，サイモンは，意思決定のテクニックを，伝統的意思決定テクニックと現代的意思決定テクニックとに分け，先の意思決定のタイプ別に分類することで解決のためのアプローチを示した（表7-1）。

表7-1　伝統的・現代的意思決定の技術

決定のタイプ	意思決定のテクニック	
	伝統的	現代的
プログラムド 日常的反復的決定 組織はこれを扱うための過程を開発し発展させる	1．習慣 2．書記の日常的業務 　　標準作業手続き 3．組織構造 　　共通の期待 　　下位目標の体系 　　明確な情報チャンネル	1．オペレーションズ・リサーチ（OR），数学的分析モデル，コンピュータ・シミュレーション 2．エレクトリック・データ処理
ノンプログラムド 単発で新奇な方針決定 一般的な問題解決過程で処理される	1．判断・直感・創造性 2．メノコ算 3．経営者の選択および訓練	ヒューリスティック（heuristic）な問題解決テクニックの適用： (a)　人間としての意思決定の訓練 (b)　ヒューリスティック・コンピュータ・プログラムの作成

出典：H.A.Simon：The New Science of Management Decision, Prentice-Hall, 1960, p.48

なお，この2分法の留意点として，次の3点を挙げておく[7]。

① この2分法は，典型的ないしは理想的なタイプの両極であって，その間にはいくつものタイプが考えられる。

② 現実それ自体あるいは，問題そのものが一定のタイプになるものではない。あくまでも意思決定者が問題ないしは現実をいかに認識するかにかかっている。

③ 情報分析能力の増大ないしは意思決定テクニックの進歩・開発によって，意思決定のタイプは進化する。

最後に，サイモンは，オペレーションズ・リサーチ（OR）の発展とコンピュータ利用技術の結合を背景として，「プログラムドな意思決定の革命」（The Revolution in Programmed Decision）といっている[8]。

演習 2　プログラムド意思決定，ノンプログラムド意思決定の中間には，どのような意思決定が考えられるか。

3　CEO（Chief Executive Officer），COO（Chief Operating Officer），CKO（Chief Knowledge Officer）の役割について述べよ。

5　意思決定支援システム

サイモンの意思決定の枠組みと，アンソニー（R.N.Anthony）の経営階層の考え方を結合し，ゴーリーとスコットモートン（G.A.Gorry and M.S.Scott Morton）は，意思決定支援システム（DSS）の重要性を主張することになる[9]。

アンソニーは，組織の管理階層を基準にして，戦略的計画（Strategic Planning），マネジメント・コントロール（Management Control）およびオペレー

ショナル・コントロール（Operational Control）という３タイプに管理活動を分類した[10]。この分類は，組織における上級管理者と下級管理者では管理活動（意思決定活動）の目的や対象が異なり，取り扱う情報の種類や質が異なることを明確にした。一方サイモンは，先に述べたように，プログラムド意思決定とノンプログラムド意思決定という２つのタイプに分けている。

プログラムド・ノンプログラムドという表現は，一般に構造的・非構造的という用語と互換的に使用される。スコットモートンらは，コンピュータとの関連をあまり示唆せず，逆に問題解決活動の基本的性格との関連性をより多く示唆するという理由で，構造的意思決定（Well-structured Decision），非構造的意思決定（Ill-structured Decision）と表現した。そして，この中間的な部分として，半構造的意思決定（Semi-structured Decision）が存在するとして，DSSは，特にこの半構造的な意思決定のためのものであると主張している。

現在ではDSSは，半構造的な部分だけでなく，構造的，非構造的な意思決定においても必要であるとされている。

演習 4 DSSの構成要素について調べよ。

ポイント データベース，モデルベースおよびこれらとユーザを結びつける対話管理ソフトウェアなるインタフェースが基本的な構成要素である。

《引用・参考文献》

〔1〕 H.A.Simon, *The New Science of Management Decision*, Prentice-Hall, 1960.

〔2〕 大橋岩雄・村杉健『産業社会学』青巧社，1986年，25-26頁。

〔3〕 大橋岩雄・村杉健，前掲書，26頁。

〔4〕 H.A.Simon, op.cit., pp.53-56.

〔5〕 H.A.Simon, *The New Science of Management Decision, Revised Edition*, Pren-

　　　　tice-Hall, 1977, p.41.
〔6〕　H.A.Simon, *The Shape of Automation for Men and Management*, Harper & Row, 1965, p.62.
〔7〕　涌田宏昭編著『経営情報科学総論［増補改訂版］』，中央経済社，1992年，159－160頁。
〔8〕　H.A.Simon, op. cit., 1965, pp.75-76.
〔9〕　G.A.Gorry & M.S.Scott Morton, A Framework for Management Information Systems, *Sloan Management Review*, Fall 1971, p.61.
〔10〕　R.N.Anthony, Planning and Control Systems : A Framework for Analysis, *Harvard University Press*, 1965, pp.15-18.

第2部 経営科学の手法

第8章

線形計画法

1　線形計画法

　配分問題の決定のために用いられるモデルの中で，最も典型的なものに線形計画（Linear Programming；LP）がある。配分問題とは，利用可能量が限られている資源をいくつかの用途にどのように配分すれば最も効果的であるか，というものである。

　どのような企業でも，その目的達成のために限られた資源を最大限に利用する，という問題を持っている。そして，配分問題は(1)資源に限りがあること，(2)それぞれの資源にいくつもの用途があること，という2つの条件によって発生する。

　次のような例を考えよう。工場では，機械，労働力，電力，原材料などの資源を利用して物を生産しているが，これらの資源は無制限に利用できるわけではない。例えば，労働力については従業員数という制限が考えられる。また，工場で生産される製品は1種類に限られたわけではない。テレビや冷蔵庫，洗濯機も生産しうるのである。

　そして，それら各種の製品を1個売ることにより，それぞれの利益が得られる。生産される製品がすべて売れるならば，生産すればするほど利益が増すことになるが，資源には制約があり，生産量には限度がある。そこで，工場が最大の利益をあげるために，資源の制約を破らない範囲で，何をどれだけ生産す

れば良いかという配分問題が発生する。

例題 ある工場では，原料A，Bを用いて2つの製品P，Qを生産している。**表8-1**は，各製品を1単位生産するのに必要な原料の量（トン），各製品の1単位当たりの販売利益（万円），およびその工場の1ヵ月間の原料の使用限度を示したものである。総利益を最大にするには，P，Qをそれぞれ何単位生産すればよいか。

表8-1 製品P，Qの原料と利益

製　品 原　料	P	Q	原料の制約（トン）
A（トン）	2	5	10
B（トン）	6	3	18
利益（万円）	4	3	

生産するP，Qの量をそれぞれx，y単位とすると，総利益zは，

$$z = 4x + 3y \tag{8.1}$$

と表すことができる。これを目的関数（Objective Function）と呼ぶ。ただし，x，yは，次の制約条件（Constraint）を満たさなければならない。

$$\left.\begin{array}{l} 2x + 5y \leqq 10 \\ 6x + 3y \leqq 18 \end{array}\right\} \tag{8.2}$$

さらに，マイナス量の生産は物理的に不可能であるので，

$$x \geqq 0, \ y \geqq 0 \tag{8.3}$$

である。これを非負条件と呼ぶ。

以上のような条件の下で，zを最大にするxとy（決定変数）を求めればよい。この解x，yを最適解（Optimal Solution）と呼ぶ。

このように，問題を数理的に考察するために数式で表すことを，問題の定式化と呼ぶ。

2　図的解法

　前節の例題を幾何学的に解いてみよう。まず，式(8.2)，(8.3)を満たす x と y は，xy 平面上のどのような点に対応しているかを考える。非負条件（式(8.3)）より，xy 平面上の第1象限で考えればよい。第1象限内で，制約式（式(8.2)）を同時に満たしている範囲は，**図8-1**のアミ部分のようになる。

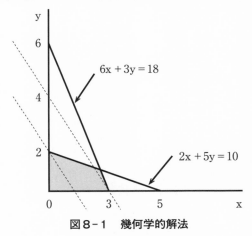

図8-1　幾何学的解法

　図8-1のアミ部分を可能領域と呼び，領域内の x と y の組を可能解と呼ぶ。可能解の中から，目的関数（式 (8.1)）の値を最大にする x と y の組（最適解）を見つければよい。なお，可能解の角の部分を端点（Extreme Point）と呼ぶ。

　さて，目的関数を

$$y = -\frac{4}{3}x + \frac{z}{3} \tag{8.4}$$

と変形しておく。この直線は，傾きが $-\frac{4}{3}$ で，y 切片が $\frac{z}{3}$ である。この直線上の点（x と y の組）は，すべて，$\frac{z}{3}$ の値を満たしている。ところで，この直線は，図8-1の可能解内を z の値によって，平行に移動している（図中の

点線）。したがって，z が最大となる，すなわち y 切片が最大となる可能解の点が求める最適解である。図より，最適解 $(x, y) = (\frac{5}{2}, 1)$ を得る。また，このときの最大値は，$z = 13$ となる。

なお，最適解を与える点は，常に図で示された可能解の端点の1つになる。

演習 1　ある工場では，2つの製品（製品Rと製品S）を生産している。製品Rを1kg生産すると30万円の利益が，製品Sを1kg生産すると20万円の利益がある。この製品は，生産した分だけすべて売れるが，無制限に生産することはできない。なぜなら，この製品を生産するために必要な材料が無制限に供給されないからである。

　この2つの製品は，ともに原料A，Bを混ぜ合わせて生産される。製品Rを1kg生産するためには，原料Aを4ℓ，原料Bを3ℓ必要とする。同様に，製品Sを1kg生産するためには，原料Aを2ℓ，原料Bを6ℓ必要とする。しかしながら，この工場には，原料Aが20ℓ，原料Bが24ℓしか貯蔵されていない。

　このとき，製品R，Sをそれぞれ何kgずつ生産したら，この工場全体の利益を最大にすることができるか。図式解法により，最適解を求めよ。

2　A社では，2種類の月刊誌I，Jに何ページずつ広告を割り当てるべきか，という広告媒体配分問題に直面している。広告・宣伝部長は，1期2,000万円の予算を持っていて，Iに1ページ広告すると200万円，Jでは400万円の費用がかかる。A社としては，収入が1期150万円以下の潜在顧客6,000人を限度に広告を到達させたいと考えているが，150万円以下の潜在顧客数は月刊誌Iでは1ページ1,500人，Jでは600人である。月刊誌Iの到達量は，1ページ広告につき7,000人で，月刊誌Jでは5,000人である。各誌に何ページの

広告を出すと到達が最大になるか。ただし，到達量は，広告した
ページ数に比例すると仮定し，月刊誌なので，Ｉ，Ｊとも１期５
ページ以上の広告はできないものとする。

3　次のLP問題を解け。

原料＼製品	V	W	制約
L	5	2	23
M	6	2	30
N	7	5	41
利益（万円）	3	4	→ Max

　制約条件付きの最適化問題は，一般に数理計画法と呼ばれ，特に解が整数値
に限られる場合を整数計画問題と呼ぶ。数理計画問題の中で，すべての制約条
件が線形であり，また目的関数も線形であるものを線形計画問題（LP問題）
と呼び，その解法を線形計画法と呼ぶ。LP問題でない場合を，非線形計画問
題と呼ぶ。

3　シンプレックス法

　前節では，線形計画法の幾何学的解法について述べた。この解法は直感的理
解が容易であるが，①未知数の数が増えると図を書くことができない，②計算
機でプログラムを組むことが必ずしも容易ではない，という欠点を持っている。
　線形計画問題を計算機で解くために開発されたアルゴリズムはシンプレック
ス法（代数的解法）と呼ばれている。
　本章**1**の例題をシンプレックス法で解くことを考える。新たにスラック変数
（Slack Variable）（余裕変数）と呼ばれる非負な変数 λ_1，λ_2（$\geqq 0$）を導入して，
制約条件（式（8.2））を式（8.5）のように等式化する。この形をLP問題の

標準化と呼ぶ。なお，決定変数 x, y を一般的に x_1, x_2 に書き換えておく。

$$\left.\begin{array}{l}2x_1 + 5x_2 + \lambda_1 = 10 \\ 6x_1 + 3x_2 + \lambda_2 = 18\end{array}\right\} \tag{8.5}$$

このとき，非負条件は，

$$x_1, \ x_2, \ \lambda_1, \ \lambda_2 \geqq 0 \tag{8.6}$$

目的関数は，

$$z = 4x_1 + 3x_2 \tag{8.7}$$

となる。

式（8.5）は，x_1, x_2, λ_1, λ_2 を未知数とする連立1次方程式であるが，未知数の数が式の数を上回っているので無限個の解を持つ。しかし，ここでは可能領域の端点に対応する解だけが必要となる。標準形における決定変数の個数を n（コスト係数の数），等式の数を m（スラック変数の数）とおくと，n − m = 4 − 2 = 2 より，2個の変数を0とおくことができる。このとき，0とおいた n − m 個の変数を非基底変数，それ以外の m 個の変数を基底変数と呼ぶ。ここでは，基底変数の選び方は $_4C_2 = 6$ 通りあるから，端点に対応する解として，

$$(x_1, \ x_2, \ \lambda_1, \ \lambda_2) = \begin{cases} (0, \ 0, \ 10, \ 18)^* & (x_1 = x_2 = 0) \\ (0, \ 2, \ 0, \ 12)^* & (x_1 = \lambda_1 = 0) \\ (0, \ 6, \ -20, \ 0) & (x_1 = \lambda_2 = 0) \\ (5, \ 0, \ 0, \ -12) & (x_2 = \lambda_1 = 0) \\ (3, \ 0, \ 4, \ 0)^* & (x_1 = \lambda_2 = 0) \\ (\frac{5}{2}, \ 1, \ 0, \ 0)^* & (\lambda_1 = \lambda_2 = 0) \end{cases} \tag{8.8}$$

の6個が得られる。これらを連立1次方程式の基底解（Basic Solution）と呼ぶ。しかし，非負条件があるので，それに適さない2個を取り除いた残りの4個（＊印を付したもの）の中から最適解を選ぶことになる。この4個を基底可能解（Basic Feasible Solution）と呼ぶ。

連立1次方程式（8.5）は，λ_1 と λ_2 がそれぞれ別の式に1度しか現れず，しかも係数が1になっていることから，$x_1 = x_2 = 0$ とおけば，直ちに基底可能解

$(0,0,10,18)$ が得られる。その意味で，連立1次方程式（8.5）を λ_1，λ_2 を基底変数，x_1，x_2 を非基底変数とする正準形と呼ぶ。

いま，式（8.7）を

$$z - 4x_1 - 3x_2 = 0 \tag{8.9}$$

と変形し，目的関数 z も1つの基底変数と考えて正準形に組み込むと，

$$\left.\begin{array}{l} z - 4x_1 - 3x_2 + 0\,\lambda_1 + 0\,\lambda_2 = 0 \\ 2x_1 + 5x_2 + \quad \lambda_1 \qquad = 10 \\ 6x_1 + 3x_2 + \qquad\qquad \lambda_2 = 18 \end{array}\right\} \tag{8.10}$$

を得る。これを拡大正準形と呼ぶ。また，式（8.7）から式（8.9）の左辺に移項されたコスト係数 $(-4, -3, 0, 0)$ を相対コスト係数と呼ぶ。

さて，すべての相対コスト係数が非負であれば，基底可能解は最適解である。逆にある相対コスト係数が，負ならば，現在の基底可能解は一般に最適解ではない。負の相対コスト係数が現れたならば，z の値をより大きくする基底可能解を探し，基底変数の入れ替えを行わなければならない。この操作は，幾何学的には，現在の端点から，z の値のより大きな隣接端点に移動することを意味する。シンプレックス法（単体法）を利用すれば，シンプレックス・タブロー（Simplex Tableau，単体表）の計算によって，その探索を効率的に進めることができる。

では，シンプレックス法による解法手順を示そう。

(1) 初期タブローの作成

表8-2は，式（8.10）をもとにして作成した初期タブローである。

表8-2　初期タブロー

ステップ	基底変数	定数項	z	x_1	x_2	λ_1	λ_2
	z	0	1	-4	-3	0	0
I	λ_1	10	0	2	5	1	0
	λ_2	18	0	6	3	0	1

(2) 最適性の判定

負の相対コスト係数があるから，この基底可能解は最適解ではない。

(3) 新たな基底変数の選択

　負の相対コスト係数の中で，最小のものを見つけ，それに対応する変数を新規の基底変数とする。この変数を取り込み変数ともいう。ここでは，－4と－3の小さい方が－4より，x_1を新たな基底変数として取り込むことにする。

表8-3　初期タブロー（θの欄を追加）

ステップ	基底変数	定数項	z	x_1	x_2	λ_1	λ_2	θ
I	z	0	1	−4	−3	0	0	
	λ_1	10	0	2	5	1	0	$\dfrac{10}{2}=5$
	λ_2	18	0	⑥	3	0	1	$\dfrac{18}{6}=3$

表8-4　第2タブロー

ステップ	基底変数	定数項	z	x_1	x_2	λ_1	λ_2	θ
II	z	12	1	0	−1	0	$\dfrac{2}{3}$	
	λ_1	4	0	0	④	1	$-\dfrac{1}{3}$	$\dfrac{4}{4}=1$
	x_1	3	0	1	$\dfrac{1}{2}$	0	$\dfrac{1}{6}$	$3\div\dfrac{1}{2}=6$

(4) 基底変数からはずす変数の選択

　x_jを新たな基底変数に決めた場合，x_jの正の係数だけに着目して，$\theta =$（定数項／係数）の最小値を与える λ_j を見つけ，それを基底変数からはずす。**表8-3**参照。この変数を追い出し変数と呼ぶ。

(5) 掃き出し計算

　ここでは，x_1を取り込み，λ_2を追い出すので，表8-3の○で囲んだ要素6を枢軸（ピボット）として，掃き出し計算を行う。その結果が**表8-4**である。

　これは，初期タブローに対して，基底変数の λ_2 を x_1 に置き換え，ステップ

Ⅰの第3行の要素をすべて6で割り，これをステップⅡの第3行とする。ステップⅠの第1行から，ステップⅡの第3行の4倍を加えてステップⅡの第1行とする。ステップⅠの第2行から，ステップⅡの第3行の2倍を引いて，ステップⅡの第2行とする。

表8-5　第3タブロー

ステップ	基底変数	定数項	z	x_1	x_2	λ_1	λ_2	θ
Ⅲ	z	13	1	0	0	$\dfrac{1}{4}$	$\dfrac{7}{12}$	
	x_2	1	0	0	1	$\dfrac{1}{4}$	$-\dfrac{1}{12}$	
	x_1	$\dfrac{5}{2}$	0	1	0	$-\dfrac{1}{8}$	$\dfrac{5}{24}$	

(6)　最適性の判定

負の相対コスト係数（－1）があるから，この基底可能解は最適解ではない。

(7)　新たな基底変数の選択

x_2を新たな基底変数として組み込む。

(8)　基底変数からはずす変数の選択

x_2の係数は4と$\dfrac{1}{2}$であるので，ともに正であり，θの値は順に1，6であるから，λ_1を基底変数からはずすことにする。

(9)　掃き出し計算

x_2を取り込み，λ_1を追い出すので，表8-4の○で囲んだ要素4をピボットとして掃き出し計算を行う。その結果が，**表8-5**である。

これは，第2タブローに対して，基底変数のλ_1をx_2に置き換え，ステップⅡの第2行の要素をすべて4で割り，これをステップⅢの第2行とする。ステップⅡの第1行から，ステップⅢの第2行の1倍を加えてステップⅢの第1行とする。ステップⅡの第3行から，ステップⅢの第2行の$\dfrac{1}{2}$倍を引いて，ステップⅢの第3行とする。

(10)　最適性の判定

　表8-5のタブローは，相対コスト係数がすべて非負なので，最終タブローである。そこで，最適解と最適値を定数項の欄から読みとって，$x_1 = \dfrac{5}{2}$，$x_2 = 1$ のとき z は最大となり，最大値13をとると結論づけられる。

演習 4　演習1, 2をシンプレックス法により求めよ。

5　制約条件

$$2x_1 + 3x_2 \leqq 9$$
$$x_2 + 2x_3 \leqq 5$$
$$3x_1 + 2x_2 + 4x_3 \leqq 16$$

非負条件

$$x_1 \geqq 0 \quad (i = 1, 2, 3)$$

のもとで，目的関数

$$z = 3x_1 + 5x_2 + 4x_3$$

が最大になるように，シンプレックス法により x_i を求めたい。スラック変数を λ_1，λ_2，λ_3 として，拡大正準形を作成し，分数のままでよいので，次のシンプレックス・タブローの空欄を埋めよ。また，このときの最適解および最大値を示せ。

$$\text{拡大正準形：} z - 3x_1 - 5x_2 - 4x_3 \qquad = 0$$
$$2x_1 + 3x_2 + \quad \lambda_1 \quad = 9$$
$$\qquad\qquad\qquad\qquad =$$
$$\qquad\qquad\qquad\qquad =$$

ステップ	基底変数	定数項	z	x_1	x_2	x_3	λ_1	λ_2	λ_3	θ
Ⅰ	z	0	1	-3	-5	-4	0	0	0	
	λ_1 λ_2 λ_3	9	0	2	3	0	1	0	0	
Ⅱ	z									
Ⅲ	z									
Ⅳ	z									

　　したがって，最適解は，$x_1=$ 　　，$x_2=$ 　　，$x_3=$ 　　であり，このとき，最大値 $z=$ 　　となる。

6　制約条件

$$2x_1+3x_2 \leqq 60$$
$$x_2+2x_3 \leqq 16$$
$$3x_1+2x_2+5x_3 \leqq 80$$

非負条件

$$x_i \geqq 0 \quad (i=1, 2, 3)$$

のもとで，

目的関数

$$z = 3x_1 + 5x_2 + 4x_3$$

の線形計画問題を，シンプレックス法により求めよ。なお，スラック変数を λ_1，λ_2，λ_3 とし，計算は分数のままでよい。

7 制約条件

$$x_1 + 3x_2 + 4x_3 \leqq 5$$
$$3x_1 + 2x_2 + 2x_3 \leqq 6$$
$$2x_1 + 3x_2 + x_3 \leqq 4$$

非負条件

$$x_i \geqq 0 \quad (i = 1, 2, 3)$$

のもとで，

目的関数

$$z = 3x_1 + 6x_2 + 4x_3$$

の線形計画問題を，シンプレックス法により求めよ。なお，スラック変数を λ_1，λ_2，λ_3 とし，計算は分数のままでよい。

8 制約条件

$$2x_1 + x_2 \geqq 4$$
$$x_1 + 3x_2 \geqq 3$$

非負条件

$$x_i \geqq 0 \quad (i = 1, 2)$$

のもとで，

目的関数

$$z = 10x_1 + 15x_2$$

の線形計画問題を，シンプレックス法により求めよ。なお，スラッ

ク変数を λ_1，λ_2とし，計算は分数のままでよい。

　ポイント　$z' = -z$ とおいて，最小化問題を，最大化問題に変えて計算する。

《参考文献》

〔1〕　黒澤和人『情報処理技術者必携　統計・OR 入門』共立出版，1995年。

〔2〕　近藤次郎『オペレーションズ・リサーチの手法』（OR ライブラリー2），日科技連，1973年。

〔3〕　今野浩『線形計画法』日科技連，1987年。

〔4〕　定道宏『経営科学』（経営情報学講座10），オーム社，1989年。

〔5〕　松尾三郎監修『経営科学』（情報処理教育講座シリーズ10），電子開発学園，1986年。

〔6〕　守谷栄一・小宮正好『技術者のための経営科学の知識』日本理工出版会，1988年。

第9章
日程計画法

1 順序づけ問題

　順序づけ問題は，いくつかの一連の作業（ジョブ，Job）を限られた資源を用いて行わなければならない場合に生じる。このとき，全体の有効性は，それらの作業がなされる順序によって決定されるので，その順序をどのように決定したらよいか，ということが問題となる。この有効性は，作業全体の総費用で評価することもできるが，一般には，時間と費用は比例関係にあるとみなして，総所要時間で考える。

　したがって，順序づけ問題では，総所要時間を最小にする順序づけを行うことを目的とする。

　ここでは，順序づけの代表的な問題として，ジョブ・スケジューリング（Job Scheduling）の問題を取り上げる。ジョブ・スケジューリングでは，すべての作業（ジョブ）順序が一定の場合をフロー・ショップ（Flow Shop）型，個々の作業で順序が異なる場合をジョブ・ショップ（Job Shop）型，処理順序が指定されていない場合をオープン・ショップ（Open Shop）型という。

　いま，2つの機械M_1，M_2があり，これらの機械で処理される作業$J_1 \cdots J_n$がある。どの作業も，$M_1 \rightarrow M_2$，すなわち，M_1で加工されてからM_2で加工される。各作業の加工時間が異なるものとして，作業$J_1 \cdots J_n$をどのような順序で加工していけば，総所要時間が最小になるかを考えよう。

　作業の順序の数はn！（n×(n－1)×…×2×1）通りある。この中から，総所要時間が最小となる作業の順序を探すために，n！個すべてを総当たりで検討することは得策ではない。そこで，2機械で，それぞれの作業が必ずM₁→M₂の順に加工を受けるという条件の下で順序づけを行う場合には，次のような解法がある。

(1)　加工時間の表において，すべての加工時間のうちで最小のものを探す。

(2)　その最小値が先にかける機械の列にあれば，その作業を最初の作業とする。また，後にかける機械の列にあれば，その作業を最後の作業とする。

　　　もし最小値を持つ作業が2つ以上ある場合は，そのいずれを選んでもよい。

(3)　順序づけの終わった作業を除いて，再び(1), (2)の手順を繰り返す。

　スケジュールを管理するには，視覚的に表現することができるガントチャート（Gantt Chart）を作成すると便利である。ガントチャートは，ガント（H.L. Gantt）によって考案され，時間を横軸にとり，各作業を作業時間に対応する長さで表し，それを実際に実行される時間帯に割り付けた図である。

演習 1　2つの機械M₁，M₂があり，これらの機械で処理される作業J₁，J₂，J₃，J₄，J₅がある。どの作業も，M₁→M₂，すなわち，M₁で加工されてからM₂で加工される。各作業の加工時間は次の表のとおりである。

作業＼機械	M₁	M₂
J₁	8	6
J₂	7	11
J₃	4	7
J₄	12	9
J₅	9	5

　このとき，作業 J_1〜J_5 をどのような順序で加工していけば，総所
要時間が最小になるか。また，それをガントチャートで示せ。さら
に，J_1 から順番に J_5 まで加工した場合のガントチャートを示して，
この結果と比較せよ。

2　アロー・ダイアグラム

　作業間の先行関係を有向グラフで表すネットワーク手法の中で，日程計画で
は，通常，**図9-1**に示すような，アロー・ダイアグラム（Arrow Diagram）
が用いられる。このグラフは，プロジェクト・ネットワーク（Project Net-
work）とも呼ばれる。

　図9-1において，矢線は個々の作業を示している。矢線の上の数字はその
作業を完成するのに必要な日数（時間）を表している。この矢線をアローまた
は作業（アクティビティ）と呼び，数字が書かれた丸印は，結合点（節，ノー
ド，イベント）と呼ばれている。

　結合点自体は何も表していないが，図中の結合点3を考えると，矢線BとC
がこの結合点に入り，一方で矢線Eがこの結合点から出ている。これは，作業
BとCが終わらないと，作業Eが開始できないことを意味している。すなわち，
ある結合点から出ている矢線は，その結合点に入ってきているすべての矢線

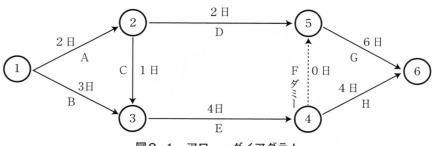

図9-1　アロー・ダイアグラム

（作業）が終了しないと開始することができない。なお，結合点5にはDとF
の2本の矢線が入っているが，Fは完成までの日数が0日という実際には存在
しない作業である。これをダミー作業と呼び，点線で表している。これは，結
合点5から出ているGという矢線（作業）は，DとF（すなわち，Fが出てい
る結合点4に入るすべての矢線）が終了しないと開始することができないこと
を意味する。すなわち，ここでは，GはDとEが終了しないと開始することが
できないが，HはEが終了すれば，開始することができる。このような場合に，
ダミー作業を示しておく。

　結合点1には，入ってくる矢線がないので，AとBはこのプロジェクトにお
いて最初に開始されるべき作業であることを，また，結合点6には，GとHが
入ってくるのみであるので，作業G，Hが終了した時点で，全プロジェクトが
完了したことを意味している。

　アロー・ダイアグラムの結合点番号は，すべての作業に対して，矢線の始点
の番号＜矢線の終点の番号となるように付ける方がよい。

演習 2　次の作業リストで表されるプロジェクトのアロー・ダイアグラム
　　を作成せよ。

作業	先行作業	作業時間
A	−	2
B	A	6
C	A	5
D	B，C	4
E	C	3
F	D，E	2

3　ある設備の修繕作業について，作業AからJまでの順序関係を調
　　べたところ次のようであった。アロー・ダイアグラムを作成せよ。

(1)　A，B，Cは同時に開始できる作業である。

(2)　DはAが終わるまでは開始できない。

(3)　Bの後はE，Fが開始できる。

(4)　GはCが終われば開始できる。

(5)　H，IはF，Gの完了後に開始できる。

(6)　D，E，HはJの開始前に完了しなければならない。

(7)　J，Iが終わればこの作業は完了する。

なお，各作業の作業時間は，次のとおりである。

A＝7日，B＝5日，C＝8日，D＝12日，E＝8日，F＝6日，
G＝13日，H＝10日，I＝11日，J＝14日

3　PERT

PERT（Program Evaluation and Review Technique）は，各作業の所要時間をもとに，プロジェクトが予定の期間内で完了するように日程の計画と管理を行う方法である。

(1)　作業時間の見積もり

作業時間を T_{ij} とすると，PERTでは，作業時間 T_{ij} を確率変数として扱い，計画の策定には，推定値 t_{ij} を決めてそれを用いることにする。T_{ij} の推定には，次の2つの方法がよく用いられる。

①　1点見積もり（Single-point Estimation）：過去の実績から，最も確からしい1つの推定値 t_{ij} を決めること。作業時間のばらつきが小さく，ほぼ確定的と見られる値が存在する場合にとる方法である。

②　3点見積もり（Three-point Estimation）：実績がなかったり，実績があってもばらつきが大きい場合にとる方法である。作業が順調に進んだ場合の作業時間 a_{ij}（楽観値（Optimistic）），普通に進んだとして要する時間 m_{ij}

（推定した分布の最頻値（Most Likely）），調子が悪く進んだとして要する時間 b_{ij}（悲観値（Pessimistic））の３点で見積もる。このとき，次式で計算した $\bar{t}_{ij}$ と σ^2_{ij} とを作業時間 T_{ij} の平均と分散とみなし，特に $\bar{t}_{ij}$ を T_{ij} の推定値として利用する。

$$\bar{t}_{ij} = \frac{1}{3}\left[2m_{ij} + \frac{a_{ij} + b_{ij}}{2}\right] = \frac{a_{ij} + 4m_{ij} + b_{ij}}{6} \tag{9.1}$$

$$\sigma^2_{ij} = \left[\frac{b_{ij} - a_{ij}}{6}\right]^2 \tag{9.2}$$

この他に類推見積もり，パラメトリック見積もり，ボトムアップ見積もりなどがある。

演習 4　次表は，３点見積もりによる作業時間を推定したものである。空欄を埋めよ。

作業	a_{ij}	m_{ij}	b_{ij}	$\bar{t}_{ij}$	$\sigma 2_{ij}$
A	3	5	7	5	$\frac{4}{9}$
B	5	11	15		
C	4	5	12		
D	10	14	18		
E	7	9	11		

---

(2)　最早結合点時刻と最遅結合点時刻

作業時間を推定したら，次にアロー・ダイアグラムを描き，各結合点に隣接して上下２段の箱を描き，上段に最早結合点時刻 E_i を，下段には最遅結合点時刻 L_i を記入する。

最早結合点時刻は，結合点に入ってくる作業がすべて完了し，出ていく作業が開始できる状態になる最初の時刻のことで，次式のように計算される。

$$\begin{cases} E_1 = 0 \\ E_i = \max_{(k,i)\in P} \{E_k + T_{ki}\} \quad (i=2,\ 3,\ 4\cdots,\ n) \end{cases} \quad (9.3)$$

　ここで，$(k,\ i)\in P$ は，プロジェクトPに属し，i番目の結合点に入ってくるすべての作業を表す。nは終点の結合点番号，すなわち結合点の個数を表す。E_i は，結合点1から結合点iへの最長経路長（作業時間の合計の最大値）にもなっている。

　最遅結合点時刻は，プロジェクトが予定どおり完了するために，結合点に入ってくる作業がすべて完了し，出ていく作業を開始することが許される最も遅い時刻のことで，次式のように計算される。

$$\begin{cases} L_n = T \qquad\qquad (T = E_n) \\ L_i = \min_{(i,k)\in P} \{L_k - T_{ik}\} \quad (i=n-1,\ n-2,\ \cdots,\ 2,1) \end{cases} \quad (9.4)$$

　ここで，$(i,\ k)\in P$ は，プロジェクトPに属し，i番目の結合点から出るすべての作業を表す。また，L_i は，結合点iから結合点nへの最長経路長をTから引いた値に等しい。

　最早結合点時刻と最遅結合点時刻の記入方法は，次のとおりである。

　まず，$E_1 = 0$ から始めて E_2，E_3，…，E_n の順で記入していき，E_n にたどり着いたら $L_n = E_n = T$ とおいて，次に L_n，L_{n-1}，…，L_1 と戻ってくる。最後に $L_1 = E_1 = 0$ となって終わる。前半の E_1，E_2，…，E_n の計算を前進計算，後半の L_n，L_{n-1}，…，L_1 の計算を後退計算と呼ぶ。

演習 5　演習2，演習3で作成したアロー・ダイアグラムに，最早結合点時刻と最遅結合点時刻を記入せよ。

---

(3) クリティカル・パス

作業時間の合計が最大になる経路のことをクリティカル・パス（Critical

Path）または，臨界路と呼ぶ。T＝E_nがこのプロジェクトの最短所要日数であり，プロジェクトをこのT日以内に完了するためには，クリティカル・パス上の作業（これをクリティカル作業と呼ぶ）には時間的余裕がまったくなく，遅延が許されない。したがって，クリティカル・パス上のすべての結合点では，E_iとL_iが等しくなっている。クリティカル・パスは，アロー・ダイアグラムの矢線を太くして示される。

演習 6　演習2，演習3のアロー・ダイアグラムにクリティカル・パスを示せ。

---

(4) 作業時刻の計算と余裕時間

個々の作業について，開始することのできる最も早い時刻（最早開始時刻（Earliest Starting Time））と，プロジェクト全体を遅らせないために，遅くとも作業を終了していなくてはならない時刻（最遅終了時刻（Latest Finishing Time））が考えられる。なお，個々の作業について，開始してから終了するまでの時間は一定であると仮定しているので，最早開始時刻や，最遅終了時刻がわかれば，最早終了時刻（Earliest Finishing Time）や，最遅開始時刻（Latest Starting Time）は容易に計算することができる。

これらは，次式によって計算することができる。

最早開始時刻ES_{ij}：作業（i, j）を開始できる最も早い時刻。

$$ES_{ij} = E_i \tag{9.5}$$

最早終了時刻EF_{ij}：作業（i, j）を終了できる最も早い時刻。

$$EF_{ij} = E_i + T_{ij} \tag{9.6}$$

最遅開始時刻LS_{ij}：プロジェクトをT日以内で完了させるために，作業（i, j）を遅くとも開始していなければならない時刻。

$$LS_{ij} = L_j - T_{ij} \tag{9.7}$$

最遅終了時刻 LF_{ij}：プロジェクトをT日以内で完了させるために，作業 (i, j) を遅くとも終了させておかなければならない時刻。

$$LF_{ij} = L_j \tag{9.8}$$

さて，クリティカル作業以外では，開始および終了時刻に余裕が出る。作業 (i, j) の余裕時間（フロート（float））には次のような種類がある。

全フロート（Total Float）TF_{ij}：開始が ES_{ij} より遅れても，あるいは終了が EF_{ij} より遅れても，プロジェクトをT日以内に完了できるという余裕時間の最大値。

$$TF_{ij} = LS_{ij} - ES_{ij} = LF_{ij} - EF_{ij} = L_j - EF_{ij} \tag{9.9}$$

自由フロート（Free Float）FF_{ij}：開始が ES_{ij} より遅れても，それに後続する作業の最早開始時刻 ES_{jk} に影響を与えない余裕時間。

$$FF_{ij} = ES_{jk} - EF_{ij} = E_j - EF_{ij} \tag{9.10}$$

従属フロート（Interfering Float）または干渉フロート IF_{ij}：TF_{ij} と FF_{ij} の差。この余裕時間に手をつけると，後続作業の開始時刻に影響が出て，その分後続作業の余裕時間が減る。

$$IF_{ij} = TF_{ij} - FF_{ij} = L_j - E_j \tag{9.11}$$

(5)　日程計画表

作業時間 T_{ij} をもとに，余裕時間を計算し，表にしたものを日程計画表と呼んでいる。

演習 7　次の日程計画表の空欄を埋めよ。

ポイント　アロー・ダイアグラムを作成して考えよ。

作　　業	作業時間	最　早		最　遅		余　　裕			クリティカル作業
		開始	終了	開始	終了	全	自由	従属	
A（1,2）	5	0	5	0	5	0	0	0	＊
B（2,3）	11								
C（3,5）	6								
D（3,6）	12								
E（2,4）	9								
F（4,6）	6								
G（6,7）	10								
H（5,6）	0								

注：クリティカル作業には，＊を付ける。

8　次の作業リストで表されるプロジェクトについて，日程計画表を作れ。

作業	先行作業	作業時間
A	－	5
B	A	7
C	A	11
D	B	5
E	B	12
F	C	8
G	C	7
H	D，E	9
I	F，G，H	6

4 山くずし法

　PERT は，各作業の特性による順序関係を図式化したものであった。しかしながら，特性的には同時に進められる作業であっても，この作業を同時に進めるために必要な作業員の数が不足している場合は，この2つの作業は実際問題としては同時に進めることができない。利用できる作業員の数に限りがあるときに日程計画を立てる技法が山くずし法である。

5 CPM

　CPM（Critical Path Method）は，1950年代に E・I・デュポン（E.I.du Pont de Nemours and Company）社により開発され，作業時間と「費用」の関係をもとに，工期の短縮を図る日程計画法である。クリティカル・パスを利用するところは，PERT と同じである。

6 CCPM

　クリティカル・チェーン・プロジェクト・マネジメント（Critical Chain Product Management；CCPM）は，ゴールドラット（E.M.Goldratt）によって開発され，1997年に制約条件の理論（Theory of Constraints；TOC）[7]を解説する『クリティカルチェーン』において発表された[8]。
　CCPM は，以下の手順で進められる。
　ステップ1：プロジェクトに必要となるアクティビティを洗い出す。
　ステップ2：クリティカル・パスを見つける。
　ステップ3：プロジェクトに含まれている安全余裕をとる。
　ステップ4：プロジェクト・バッファを設置する。
　ステップ5：資源の競合を解消する。

ステップ6：クリティカル・チェーンを見つける。

ステップ7：合流バッファを設置する。

ステップ8：リソース・バッファを設置する。

7　PDM

　プレシデンス・ダイアグラム法（Precedence Diagramming Method；PDM）は，作業（アクティビティ）をノードと呼ばれる四角形で示し，その作業順序や依存関係をアロー（矢線）で表現する表記法である。

　順序関係は，先行作業の終了後に後続作業を開始する：FS（Finish to Start），先行作業が終了してから後続作業が終了する：FF（Finish to Finish），先行作業が開始すると後続作業も開始する：SS（Start to Start），先行作業が開始すると後続作業が終了する：SF（Start to Finish）で表す（図9-2参照）。また，順序関係にラグ（遅れ時間）やリード（先行時間）を設定することができる。

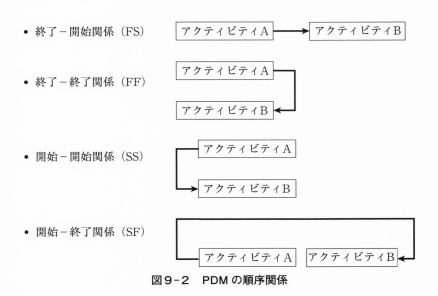

図9-2　PDM の順序関係

　本章2で説明したアロー・ダイアグラム法では，アローで作業と作業順序を表現したが，プレシデンス・ダイアグラム法はノードで作業を，アローで作業順序を表現する。したがって，プレシデンス・ダイアグラム法では，ダミーを使うことなく，作業順序を表現でき，アロー・ダイアグラム法は，FS関係のみを表現できるのに対し，プレシデンス・ダイアグラム法は，FS/FF/SS/SF関係を表現することができる。

《参考文献》

〔1〕　加藤あけみ『経営科学論（新しい時代の経営学選書16)』，創成社，1993年。

〔2〕　黒澤和人『情報処理技術者必携　統計・OR 入門』共立出版，1995年。

〔3〕　近藤次郎『オペレーションズ・リサーチの手法（OR ライブラリー2)』，日科技連，1973年。

〔4〕　定道宏『経営科学（経営情報学講座10)』，オーム社，1989年。

〔5〕　松尾三郎監修『経営科学（情報処理教育講座シリーズ10)』，電子開発学園，1986年。

〔6〕　守谷栄一・小宮正好『技術者のための経営科学の知識』日本理工出版会，1988年。

〔7〕　古殿幸雄「E.M. ゴールドラット博士の制約条件の理論」『大阪国際大学紀要，国際研究論叢』，第25巻，第2号，pp.33-48，2012年。

〔8〕　E.M. ゴールドラット（三本木亮訳）『クリティカルチェーン―なぜ，プロジェクトは予定通りに進まないのか？―』ダイヤモンド社，2003年。

第10章
在 庫 問 題

1　在庫問題

　企業は，生産計画に基づいて商品を生産している。生産計画は販売計画に基づき，販売計画は商品の需要予測を基礎としている。通常予測ははずれるものだから，計画した需要量と実際の需要量は一致しない。このとき，企業が生産計画に基づき生産を続けると，生産過剰か生産不足かが生じる。生産過剰の場合は，売れ残りが在庫として生じ，生産不足の場合は，不足分の利益を逃すことになる（機会損失）。ここに在庫管理（Inventory Control）の考え方が重要となってくる。在庫管理は，商品に限らず，商品を作るために必要な原材料とか部品についても必要な機能である[1]。

　在庫は企業にとっては余分な費用である。原材料とか部品の在庫は，生産に必要な量を上回ったものであるから，それを余分に持てば持つだけ費用が多くかかることになる。また，商品在庫は売れない商品だから，その分の費用は余計である。しかしながら，もし在庫を持たない状態で，生産を上回る需要が来たらどうだろうか。明らかにみすみすもうかるはずの利益を失う。そのようなとき，需要に対処できる在庫を抱えていれば，もうけ損ないはなくなる。すなわち，在庫には余分な費用である側面ともうけ損ないを防ぐ側面を持っている。したがって，あまり費用がかさむことがなく，もうけ損ないをすることも少なくするためには，どの程度の在庫量を持てばよいかという問題が生じる。また，

在庫量が減少すれば補充をする必要があり，その発注時期をいつにすればよい
かという問題が生じる。経済的に最も効果的な発注の時期と量を考えることを
在庫問題（Inventory Problem）と呼ぶ[1]。

　在庫問題では，**図10-1**のような，在庫モデルを考える。図中の調達期間
（リードタイム（Lead Time））とは，商品や原材料を発注して納入されるまで
にかかる時間を表す。

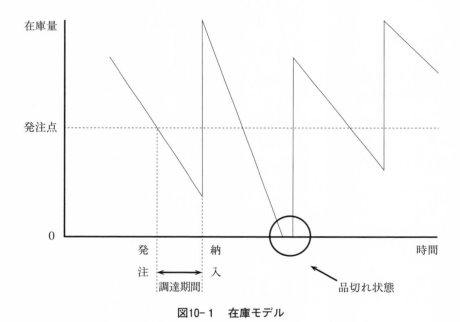

図10-1　在庫モデル

2　ABC分析

　在庫として管理される品物をその特性からA，B，Cの3つのグループに分
類する考え方である。このとき，Aグループの品物は，個々の値段が高い品物
である。この品物は，販売個数全体に占める割合は低いが，売上金額全体に占
める割合は高くなる。これに対して，Cグループの品物は，Aグループの品物

とは正反対の品物である。すなわち，よく売れるが個々の値段は安い品物である。したがって，この品物は販売個数全体に占める割合は高いが，売上金額全体に占める割合は低くなる。最後に，Bグループの品物は，AグループとCグループの中間の品物である。このように，ある品物をその品物が全体に占める個数と金額の割合からA，B，Cの3種類に分類する[2]。

　分類方法としては，品物をまず売上高の高い順に並べ，度数分布と累積度数分布とを求め，それぞれヒストグラムと折れ線グラフで表し（これをパレート図（Parete Diagram）と呼ぶ），重要度によって，いくつかの品目をAグループ，次のいくつかの品目をBグループ，残りの品目をCグループとする。このような分析方法は，パレート分析と呼ばれ，A，B，Cのグループに分けることから，ABC分析と呼ぶ。通常Aグループは，累積して70％水準の品目群を，Bグループは，70％から90％水準の品目群を，そしてそれ以上の品目群をCグループとしている。

演習 1　表10-1は，ある事業所の在庫品目の年間使用金額の内訳である。項目を使用金額の大きさの順に並べ替え，累積金額およびその割合（％）を記入したのが表10-2である。空欄を埋めて，この表を完成せよ。

表10-1　使用金額一覧

品　　　目	金　額（千円）
トランジスタ	300
ネ　ジ	100
電　線	900
鋼　板	2,000
絶縁板	1,400
その他	300
合　計	5,000

　次に，この表10-2からパレート図を作成し，各品目をA，B，Cのグループに分類せよ。また，各グループの品目に対しては，どのような管理を行えばよいか。

表10-2　パレート分析表

品　　目	金　額（千円）	累積金額	累積百分率（％）
鋼　　板	2,000		
絶　縁　板	1,400		
電　　線	900		
トランジスタ	300		
ネ　　ジ	100		
そ　の　他	300		

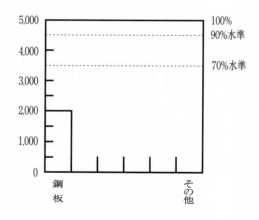

図10-2　パレート図

Aグループ：
Bグループ：
Cグループ：

3　定期発注法

　ABC分析で分類されるAグループの品物は，高価なのでまれにしか売れないが，品切れを起こさないように管理する必要がある。このためには在庫を定期的にチェックして，納入される品物が届く直前の在庫量（最小在庫量）が，あらかじめ決めた安全在庫に等しくなるように発注量を決める。すなわち，発注量は品物が納入される期間までの品物の売れ具合を予測して（需要予測）決定するわけであるが，予測以上に品物が売れたとき，品切れを防ぐために品物を余分に発注するわけである。

　発注量は次式に従って決める。

$$発注量 = \{(発注間隔+調達期間)の需要推定量\}$$
$$- (発注残+在庫残)+(安全在庫) \qquad (10.1)$$

　この管理法の特徴としては，品切れが起こりにくい反面，在庫管理のための費用がかさむという欠点がある。この管理法は品物を定期的に発注するところから，定期発注法と呼ばれている。

演習 **2**　定期再発注法において，次の場合の発注量を求めよ。
　リードタイム：2ヵ月，発注サイクル：1ヵ月，発注残：800個
在庫残：85個，安全在庫：120個／月，期待需要量：600個／月

4　発注点法

　Bグループの品物に適用されることが多いが，Cグループの品物に適用されることもある。Aグループの品物に比べて販売量が多いので，在庫は頻繁にチェックする必要がある。反面単価が安いので場合によっては品切れを起こして

も，在庫管理費を安く済ませたい。このような考えのもとでの管理方式である。

　これは，手持ちの在庫量があらかじめ決めた値（発注点）になったとき，機械的に一定量の品物を発注する方式である。この方式は，発注点法と呼ばれ，発注点と発注量を決めた後は在庫を機械的に管理することができるので，定期発注方式に比べて管理費は安くすることができる。

(1)　発 注 点

　発注点は，次の式で決められる。

　　　発注点＝調達期間中の需要推定量＋安全在庫　　　　　　　　　(10.2)

(2)　安全在庫

　安全在庫は，予想値からのばらつきを考慮して決定することになる。このばらつきの確率は正規分布（$N(\mu, \sigma^2)$）に従うことが多い。したがって，品切れの起こる確率に対応して安全係数が決定される（**表10-3**）。この安全係数を用いて，次式により決定する。

表10-3　品切れの起こる確率と安全係数

品切れの起こる確率	1%	2.5%	5%	10%
安全係数	2.33	1.96	1.65	1.28

　　　安全在庫＝（安全係数）×σ×$\sqrt{調達期間}$　　　　　　　　(10.3)

(3)　経済的発注量

　在庫管理の年間総費用は，次式で表すことができる。

　　　年間総費用（TC）＝在庫の年間発注費用＋在庫の年間保管費用　(10.4)

ここで，年間発注費用と，年間保管費用は，各々次式で表すことができる。

　　　年間発注費用＝1回当たりの発注費（K）×年間発注回数（N）　(10.5)

　　　年間保管費用＝年平均在庫量（AI）
　　　　　　　　　　×1個当たりの年間在庫費用（CI）　　　　　　(10.6)

　いま，1年間の需要量をD，1回当たりの発注量をQとすると

$$D = N \times Q \tag{10.7}$$

となる。また，最低在庫を0とし，このときの発注量Qが納入されると，最大在庫Qとなるので，平均在庫AIは$\frac{Q}{2}$である。

　したがって，Qで発注したときの年間総費用TCは

$$TC = K \times \frac{D}{Q} + CI \times \frac{Q}{2} \tag{10.8}$$

であり，K，CI，Dが与えられたとき，TCを最小とするQを経済的発注量（EOQ）と呼ぶ。Qは離散値であるが，かなり大きな値として，式(10.8)をQで偏微分してその値を0とすると，

$$\sqrt{\frac{2KD}{CI}} \tag{10.9}$$

を得る。

演習 3　リードタイム中の予測誤差の分布が平均50個で標準偏差10個の正規分布とした場合に，品切れ確率5％として，安全在庫と発注点を求めよ。

4　リードタイム中の需要の分布が平均150個，標準偏差15個の正規分布に従っているとき，安全在庫を25個にしたら品切れする確率はいくらか。また，20個にしたらどうか。

5　製品Aの1年間の総需要量を900個とし，1回当たりの発注費が25円，製品Aを1個1年間保管するのに要する在庫維持費を2円とする。最適発注量と発注回数を求めよ。

6　B社で商品の発注政策を定めるために過去のデータを調査したところ，次のとおりであった。

年間期待販売量：50,000個，1回の発注費：2,000円

商品の単価：500円，年間在庫維持費率：10％

　このデータによると，年間何回発注し，また1回の発注量をいくらにすればよいか。ただし，納入は一括納入とする。

5　2ビン法

　最も簡単な在庫費のかからない管理法であり，Cグループの品物に適用される。管理法としては，在庫を2つの入れ物に入れておき，一方の在庫がなくなったら，発注して補充するものである。ダブルビン方式（複棚法）とも呼ばれる。

《引用・参考文献》

〔1〕　吉田茂『経営シミュレーション（経営情報学講座13)』，オーム社，1988年，38頁。
〔2〕　守谷栄一・小宮正好『技術者のための経営科学の知識』日本理工出版会，1988年，45頁。
〔3〕　黒澤和人『情報処理技術者必携　統計・OR入門』共立出版，1995年。
〔4〕　近藤次郎『オペレーションズ・リサーチの手法（ORライブラリー2)』，日科技連，1973年。
〔5〕　松尾三郎監修『経営科学（情報処理教育講座シリーズ10)』，電子開発学園，1986年。

第11章
ゲーム理論

1 ゲーム理論

　2人のプレーヤー（Player）（個人でも企業でも国でも構わない）が，ゲーム（競合，Game）を行うときのプレーヤーの行動についての数学的基礎を与える理論がゲーム理論である。

　ゲーム理論においては，まず2人のプレーヤーの間で行われるゲームを数学的に定義し，次に各々のプレーヤーの行動（戦略）を数学的に解くことになる。ここでは，ゲームの特性により，プレーヤーが自分の利益を守るためにたった1つの戦略を取り続ければよい場合（純粋戦略（Pure Strategy））と，複数の戦略をある確率で取り続けなくてはならない場合（混合戦略（Mixed Strategy））について考えることから始めたい。

2 ゲームの定義

　A，B2人でゲームをする場合を考えよう。いま，Aは1〜4までの4種類の戦略のうちから1つを選ぶことができるとする。同様にBは，a〜eまでの5種類の戦略のうちから1つを選ぶことができる。ここで，**表11-1**のような規則があり，例えばAが2の戦略を選び，同時にBがcの戦略を選んだとする。この表の数値は，正の値の時はBからAに数字の数だけの金額が支払われ，負

の値の時はAからBに数字の数だけの金額が払われると仮定しよう。このような表を，利得行列（Pay-off Matrix）と呼ぶ。いまの場合，表から－1を得る。これは，AはBに1,000円の金額を支払うことを意味する。この行列は，ゲームを数学的に定義している。

表11-1　利得行列

		B				
		a	b	c	d	e
A	1	4	－4	－4	3	－5
	2	0	－1	－1	1	2
	3	－3	0	－2	－1	3
	4	1	1	－2	－2	－4

（単位：1,000円）

3　純粋戦略

　表11-1のように定義されたゲームで，1回目のゲームでは，A，Bはどのような戦略をとるのかを考えてみよう。

　いま，Aが戦略1を選んだとすると，Aの利得は，Bの戦略によって大きく違ってくる。すなわち，Bが戦略aを選べば，4,000円を得るが，戦略eを選べば，このゲームでは最悪の5,000円を支払わなければならない。同様のことを，戦略2，3，4について考えると，Aの得る利得の最小値は，順に－1,000円，－3,000円，－4,000円となる。したがって，Aは最悪でも，－1,000円の利益が保証される戦略2を選ぶであろう。すなわち，最悪の場合でも保証される最小利益の中から最大利益が得られる戦略2を選ぶわけである。このようにして，戦略を選ぶ基準をマクシミン（Maximin）基準と呼ぶ。

　さて，次にBの場合を考えよう。Bが戦略aを選んだとすると，Bが被る損失は，Aの戦略によって違ってくる。最悪の場合は，Aが戦略1を選んだ場合で，4,000円の損失を被る。同様のことを戦略b，c，d，eについて考えて

みると，Bの被る損失の最大値は，順に1,000円，−1,000円（1,000円の利益），3,000円，3,000円となる。したがって，Bは，最悪の場合被るであろう損失を最小にするような戦略cを選ぶであろう。このようにして，戦略を選ぶ基準を，ミニマックス（Minimax）基準と呼ぶ。

　以上のことから，Aは戦略2を，Bは戦略cをとるため，この場合のゲーム値は−1,000円を得る。すなわち，AはBに1,000円支払う。

　このようなゲームでは，Aの利得（損失）は，Bの損失（利得）になるので，AとBの持っている金額の総額はゲームの前後で変わらない。このようなゲームを零和（Zero Sum）ゲームと呼び，そうでないゲームを非零和（Non Zero Sum）ゲームと呼ぶ。

　次に，2回目のゲームを考えてみよう。Aは，Bに1,000円を支払ったのであるが，プレーヤーAは，この結果に満足すべきである。なぜならば，Aが他の戦略をとったならば，Aの得たであろう利得は減少するからである。したがって，Aは2回目も同じ戦略をとることになる。一方，Bも自分のとった戦略について満足している。もし，Bが他の戦略をとっていたならば，Bが被ったであろう損失は増加しているからである。したがって，Bは2回目も同じ戦略をとることになる。

　このように，この場合では，先に戦略を変えた方が損をすることになるので，にらみ合いの状態が続き，ここに均衡状態が保たれることになる。

演習 1　次の利得行列で定義されるゲームがある。A，Bのとるべき戦略

(1)

		B	
		a	b
A	1	5	−3
	2	1	−1

(2)

		B				
		a	b	c	d	e
A	1	6	−2	−4	4	−5
	2	1	0	−1	1	1
	3	−3	−1	−2	−2	1
	4	2	−2	−3	−4	−4

を決定せよ。

2　Aの利得行列が，次のように与えられている2人零和ゲームを解け。

		B		
		a	b	c
A	1	3	1	4
	2	4	2	2
	3	1	2	3

4　混合戦略

　次の**表11-2**で定義されるゲームがある。このゲームの場合，前節と同じ考え方で，1回目はAは戦略2をBは戦略bを選ぶだろう。2回目は，Aは戦略2を選んだことに満足して，同じ戦略を選ぶ。しかしながら，Bは，1回目で戦略aを選んでいたら，被る損失は減少するので，2回目の戦略はbからaに変えることになる。つまり，2回目の戦略ではAは戦略2を，Bは戦略aを選ぶことになる。この結果から，今度はAが自分の戦略に満足せず，3回目の戦略では，2から1に変えることになる。一方Bは2回目の戦略に満足しているので，3回目の戦略も同じ戦略aを選ぶことになる。

　1回ごとの結果に着目する限り，このようなことが果てしなく続き，この意味ではこのゲームが均衡状態に到達することはない。

表11-2　利得行列

		B	
		a	b
A	1	5	-4
	2	-1	3

　しかしながら，このゲームでは次のような意味での均衡状態が存在する。すなわち，このゲームをある回数（例えば100回）連続して行い，Aは戦略1と2をある割合でとることにする。この場合，Aの利益の合計金額，あるいは1回当たりのゲームについての平均利益を考えることができる。このとき，Aが戦略1と2をある確率（割合）でとると，Bがどのような割合で戦略aとbをとったとしてもAは保証された一定の平均利益を上げることができる，という戦略が存在する。この戦略をAの最適戦略と呼ぶ。

　最適戦略は，Bについても存在する。すなわち，Bにとっての最適戦略とは，最悪の場合でも被る損失を最小に保証する戦略のことである。

　したがって，ある回数繰り返されたゲームを1単位のゲームと見なした場合は，A，Bが各々の最適戦略をとり，ここにAの得る平均利益，Bの被る平均損失が単位当たりのゲームごとに同じになる。すなわち，単位当たりのゲームについて考えると，均衡状態が保たれていることになる。

　では，表11-2のA，Bの最適戦略を求めてみよう。

　まず，Bが必ず戦略aをとり，Aが戦略1と2をそれぞれx，1-xの確率でとる場合の平均利益は，

$$5 \times x + (-1) \times (1-x) = 6x - 1 = f(x) \tag{11.1}$$

となる。同様にして，Bが戦略bをとり，Aが戦略1と2をそれぞれx，1-xの確率でとる場合の平均利益は，

$$-4 \times x + 3 \times (1-x) = -7x + 3 = g(x) \tag{11.2}$$

となる。これらを図示すると**図11-1**のようになる。

　Aが得る可能性のある平均利得の範囲は図のアミ部分である。したがって，Aは最小の利益が最大になる

$$x = \frac{4}{13}$$

という戦略を選ぶことになる。この戦略のとき，Bが戦略aをとってもbをとってもAの得る平均利益は

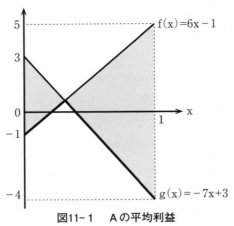

図11-1 Aの平均利益

$$f\left(\frac{4}{13}\right) = g\left(\frac{4}{13}\right) = \frac{11}{13}$$

となり，一定となるのでBの戦略に無関係にAは一定の利益をあげることができる。

　次に，Bの最適戦略について検討する。Aが必ず戦略1をとり，Bが戦略a
とbをそれぞれy，1−yの確率でとる場合の平均損失は，

$$h(y) = 9y - 4 \tag{11.3}$$

となる。同様にして，Aが戦略2をとり，Bが戦略aとbをそれぞれy，1−
yの確率でとる場合の平均損失は，

$$i(y) = -4y + 3 \tag{11.4}$$

となる。これらを図示すると**図11-2**のようになる。

　Bが被る可能性のある平均損失の範囲は図のアミ部分である。したがって，
Bは最大の損失が最小になる

$$y = \frac{7}{13}$$

という戦略を選ぶことになる。この戦略のとき，Aが戦略1，2をどのような

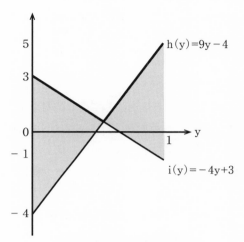

図11-2　Bの平均損失

割合でとってもBが被る平均損失は,

$$h\left(\frac{7}{13}\right) = i\left(\frac{7}{13}\right) = \frac{11}{13}$$

となり，Aの戦略に無関係にBが被る損失は一定になる。

演習 **3**　　次の利得行列で定義されたゲームを解け。

		B	
		a	b
A	1	−1	2
	2	1	−3

5　優位性の原理

　グラフ解法によって最適戦略を求める方法は，2人のプレーヤーが戦略を2

つしか持たない場合にのみ適用される解法であるが，優位性の原理によって，この形に変形できるゲームも数多く存在している。

　たとえば，**表11-3**のようなゲームで戦略1と2を比べるとBのとるどのような戦略に対しても常に戦略2がAにとって有利である。したがって，Aは戦略1をとることはないので，これを消去して最適戦略をグラフ解法で求めることができる。このことを優位性の原理と呼ぶ。また，**表11-4**のようなゲームでは，Bの戦略cは，Aの最適戦略に対して，戦略a，bよりも大きな利益をAに与えるので，戦略cを消去して最適戦略をグラフ解法で求めることができる。

表11-3　利得行列（優位性の原理）

		B	
		a	b
A	1	1	-5
	2	3	-2
	3	-4	1

$\Longrightarrow$

		B	
		a	b
A	2	3	-2
	3	-4	1

表11-4　利得行列（優位性の原理）

		B		
		a	b	c
A	1	5	-4	3
	2	-1	3	1

$\Longrightarrow$

		B	
		a	b
A	1	5	-4
	2	-1	3

演習 4　次の利得行列で定義されたゲームを解け。

		B		
		a	b	c
A	1	-1	2	3
	2	1	-3	-2

5　次の利得行列で定義されたゲームを解け。

		B		
		a	b	c
A	1	−1	2	1
	2	1	−3	−1

6　非零和ゲーム

　前節までは，2人零和ゲームと呼ばれるゲームについて考えた。このゲームでは，A，B2人のプレーヤーにおけるAの利得（損失）は，Bの損失（利得）になるので，AとBの利益の総額はゲームの前後で変わらない。しかし，現実には，相手の出方によっては，すべてのプレーヤーが利益を得たり，あるいは全員が不利益を被ったりして，プレーヤーの得た利益の合計がゲームにより変動する場合も存在する。このような非零和ゲームの利得行列を，**表11-5**のように表す。

　表11-5は，Aが戦略1を，Bが戦略aを選択すれば，Aには5の利益が，Bには1の利益が得られることを意味している。また，Aが戦略2を，Bが戦略aを選択すれば，Aには2の利益が，Bには3の利益が得られることになる。

　このような非零和ゲームでは，プレーヤーの得る利益の合計は，ゲームにより変動するため，お互いが最も得をする戦略を考えることになる。このことは，

表11-5　非零和ゲームの利得行列

		B	
		a	b
A	1	5, 1	2, 2
	2	2, 3	0, 4
	3	1, 2	3, 3

表11-6　Aの戦略

		B	
		a	b
A	1	⑤,1	2, 2
	2	2, 3	0, 4
	3	1, 2	③,3

表11-7　Bの戦略

		B	
		a	b
A	1	5, 1	2, ②
	2	2, 3	0, ④
	3	1, 2	3, ③

零和ゲームとは全く異なる戦略を採ることになる。零和ゲームでは，最悪な状況の中から最良の戦略を選択するが，非零和ゲームでは，お互いが最も得をする状況を考えて，お互いが満足する戦略を選択すればよい。

表11-5において，Aの最も得をする戦略は，Bの戦略を固定して考えれば，表11-6の○で囲んだ場合であることがわかる。

同様にして，Bの最も得をする戦略は，Aの戦略を固定して考えれば，表11-7の○で囲んだ場合であることがわかる。

このとき，AとBの両方が○を伏した戦略は，両方共に満足している戦略であることがわかり，これをナッシュ均衡（Nash Equilibrium）と呼ぶ。ナッシュ均衡は，お互いが最も得をする状況であるため，どのプレーヤーも自分の戦略を変更しても，より高い利得を得ることができない戦略の組み合わせとなっている。したがって，Aは戦略3を，Bは戦略bを選ぶことになる（Bが戦略bの状態で，Aが戦略1や2に変えることはなく，Aが戦略3の状態で，Bが戦略aに変えることはないため，均衡状態が保たれている）。

ナッシュ均衡は，プレーヤーがお互いに最適な戦略を選択しているため，他の選択を採ることができない状態であって，必ずしもお互いの最適解にならない場合があることに注意が必要であるが，そのことは次章において述べる。また，ナッシュ均衡は，複数存在する場合もある。

演習 **6**　次の２人非零和ゲームにおけるナッシュ均衡を求めよ。

(1)

		B	
		a	b
A	1	2, 4	4, 3
	2	1, 8	8, 2
	3	4, 7	6, 3

(2)

		B		
		a	b	c
A	1	3, 6	2, 5	2, 2
	2	4, 3	3, 0	3, 1
	3	2, 5	4, 4	3, 0

7　次の利得行列は，チキンゲームと呼ばれる。ナッシュ均衡を求めよ。

		B	
		直進	逃げる
A	直進	−10, −10	1, −1
	逃げる	−1, 1	0, 0

7　囚人のジレンマ

　ここでは，囚人のジレンマ（Prisoner's Dilemma）として知られているゲームを紹介する。このゲームからは，支配戦略（Dominant Strategy）やパレート最適（Pareto Optimal）などを学ぶことができ，談合やカルテル（Cartel）などの発生する要因も学ぶことができるが，ここでは，囚人のジレンマのみを扱うことにする。

(1)　囚人のジレンマの定式化

　プレーヤーが選ぶ選択肢には，相手と協調しようとする内容を持った選択肢と，相手を裏切ろうとする内容の選択肢がある。プレーヤーが得る利得は，自分が選んだ行動だけでなく，相手がどちらを選んだかに依存している。そして，

この依存関係の内容がゲームを特徴づけることになる。

　囚人のジレンマでプレーヤーが得る利得の内容は，**表11-8**のように一般的に与えられている。

　この表で，利得の大きさは4つの数R，S，T，Pで示されている。そしてこれらの4つの数の間には，

　　　$T > R > P > S$

　　　$2R > T + S$

の2つの不等式が成り立っている。

　最初の関係式で，Rの方がPよりも大きくなっているので，ともに協調行動をとるときの方が，ともに裏切り行動をとるときよりも，多くの利得を得ることができる。これは，零和ゲームのような利害がお互いに対立する場合と，全く異なっている。また，Tの値が最も大きく，Sの値が最も小さいことから，相手が協調しようとするときに，こちらが裏切る場合が，最大の利得を手にすることができる一方，相手は最低の利得しか得られない。

　また，2つ目の式より，2人合わせた利得はともに協調するときに最大になることが示されている。

表11-8　囚人のジレンマの一般型

		B	
		協　調	裏切り
A	協調	R，R（状態1）	S，T（状態2）
	裏切り	T，S（状態3）	P，P（状態4）

(2)　囚人のジレンマの物語

　いまある事件をひきおこしたことで，2人の容疑者がとらえられ，別々の部屋に入れられて取り調べを受けている。検事は，2人がその事件について確か

に共犯であると考えているが，その証拠をつかんではいない。

　検事は，ひとりひとりに次のような選択肢のあることを告げる。1つは事件について黙秘すること，もう1つは自白することである。

　刑は場合に応じて次のようになっているとしよう。

　まず2人とも黙秘すれば，犯罪が立証できないために，2人を軽い余罪で起訴して2人ともに2年の刑を科す。一方が自白し，他方が黙秘したときには，自白によって共犯の事実が定まるので，自白した者には，大幅に情状をくんで釈放となり，黙秘した者はその犯罪の最高刑である6年の刑が科せられる。もしも2人とも自白したときには，犯罪の事実が定まるが，自白したことを考慮して，最高刑の6年ではなく，4年の刑が科せられる。

　これらを利得行列で表すと表11-9のようになる。

　容疑者たちから見ると，黙秘することは相手の利益をも考えていることになるので，協調行動ということができ，また自白することは自分の利益を求めて相手に不利益を与えるので，裏切り行動ということになる。この協調と裏切りという言葉は，検事にとっては全く違った意味を持っているが，ここでは容疑者の立場に立つことにする。

　正確には，まだ刑が確定しておらず，囚人ではなく容疑者のジレンマと呼ぶべきであるが，このゲームは，1950年頃にメリル・フラッド（M.Flood）とメルビン・ドレシャー（M.Dresher）が生み出し，その後アルバート・タッカー（A.W.Tucker）が定式化したとされている。

表11-9　囚人のジレンマ利得行列

		容疑者B	
		黙　秘 （協　調）	自　白 （裏切り）
容疑者A	黙　秘 （協　調）	-2，-2	-6，0
	自　白 （裏切り）	0，-6	-4，-4

演習 8　表11-9の利得行列からナッシュ均衡を求めよ。

---

(3)　繰り返し囚人のジレンマ

　囚人のジレンマが生み出されてきてから，人々や組織の間で起きるさまざまなジレンマ状況を表すモデルとして，政治や経済，心理学に至るまでこのゲームは広く用いられる。

　囚人のジレンマを1回だけ行う場合には，ともに相手を裏切る行動になってしまうが，繰り返して行う場合はどうであろうか。

　そこで，次のような演習を考えよう。

演習 9　対戦相手を5人選んで，次のような利得行列を用いて，50回の繰り返し囚人のジレンマを行え。この利得行列では，釈放となることが一番好ましいので5点，最高刑を科せられるのが一番好ましくないので0点，4年の刑は1点，2年の刑は3点とした。なお，このゲームの勝者は，対戦相手との勝敗ではなく，最終的に得た総合計得点（5回戦の総得点の合計）によって決まるものとする。

		相　　手	
		黙　秘 （グー）	自　白 （パー）
私	黙　秘 （グー）	3，3	0，5
	自　白 （パー）	5，0	1，1

注：対戦相手とジャンケンをすることで，グーならば，黙秘，パーならば自
　　白の意思表示とする。1回の対戦で相手よりも高い総得点であれば勝ち，

低い総得点であれば負け，同点であれば引き分け，と勝敗の欄に記入する。

1回戦　対戦相手（　　　　　　　　　）

	1	2	3	4	5	6	7	8	9	10	11	12	13	14	15	16	17	18	19	20
得点																				

	21	22	23	24	25	26	27	28	29	30	31	32	33	34	35	36	37	38	39	40
得点																				

	41	42	43	44	45	46	47	48	49	50		総得点	勝　敗
得点													

2回戦　対戦相手（　　　　　　　　　）

	1	2	3	4	5	6	7	8	9	10	11	12	13	14	15	16	17	18	19	20
得点																				

	21	22	23	24	25	26	27	28	29	30	31	32	33	34	35	36	37	38	39	40
得点																				

	41	42	43	44	45	46	47	48	49	50		総得点	勝　敗
得点													

3回戦　対戦相手（　　　　　　　　　）

	1	2	3	4	5	6	7	8	9	10	11	12	13	14	15	16	17	18	19	20
得点																				

	21	22	23	24	25	26	27	28	29	30	31	32	33	34	35	36	37	38	39	40
得点																				

	41	42	43	44	45	46	47	48	49	50		総得点	勝　敗
得点													

4回戦　対戦相手（　　　　　　　　　）

	1	2	3	4	5	6	7	8	9	10	11	12	13	14	15	16	17	18	19	20
得点																				

	21	22	23	24	25	26	27	28	29	30	31	32	33	34	35	36	37	38	39	40
得点																				

	41	42	43	44	45	46	47	48	49	50		総得点		勝　敗	
得点															

5回戦　対戦相手（　　　　　　　　　）

	1	2	3	4	5	6	7	8	9	10	11	12	13	14	15	16	17	18	19	20
得点																				

	21	22	23	24	25	26	27	28	29	30	31	32	33	34	35	36	37	38	39	40
得点																				

	41	42	43	44	45	46	47	48	49	50		総得点		勝　敗	
得点															

1回戦から5回戦までの総合計得点 ⟹　　　　　点

　囚人のジレンマを繰り返す演習を行ったが，世の中には，このような繰り返し囚人のジレンマの方が，1回だけの囚人のジレンマよりも多いように考えられる。

演習 **10** 繰り返し囚人のジレンマからどのようなことが考えられるか。

　11 囚人のジレンマ状況になっている現実問題を挙げよ。また，繰り返し囚人のジレンマとなっている現実問題を挙げよ。

12 囚人のジレンマから談合やカルテルを考察せよ。

8　交互ゲーム

　前節までは，１回ごとのゲームにおいて，プレーヤーが同時に戦略を提示した。しかし，実際のゲームでは，交互に各プレーヤーが自身の戦略を順番に提示するようなゲームも存在する。このような交互ゲームにおいては，各プレーヤーは，相手の戦略を推測した上で，自分の利得が最も高くなる戦略を選ぶ必要がある。このように交互ゲームでは，相手の戦略を先読みしながら，結果を推測して，どの戦略を選択すべきかを考えるバックワードインダクション（Back Ward Induction；後方帰納法）という解法を用いる。したがって，バックワードインダクションは，交互に戦略を展開しながら，最後に到達した結果から溯って，選ぶべき最良の戦略を決める方法である。そのため，**図11-3**のようなゲームの木（Game Tree）を描いて考えることになる。

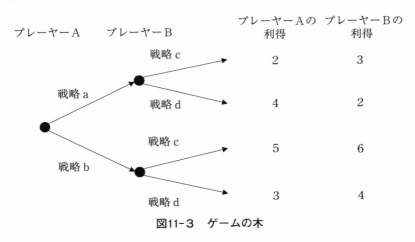

図11-3　ゲームの木

　いま，プレーヤーAは，aとbの２つの戦略を選択することができ，プレーヤーBは，cとdの２つの戦略を選択することができるものとする。Aが先攻

で，Bは後攻である。Aが戦略aを選び，Bが戦略cを選んだ場合，Aには2の利得が，Bには3の利得が得られる。Aが戦略aを選び，Bが戦略dを選んだ場合，Aには4の利得が，Bには2の利得が得られる。このように，図11-3は，プレーヤーAとプレーヤーBが選んだ戦略の組み合わせによって，それぞれが得られる利得を表している。

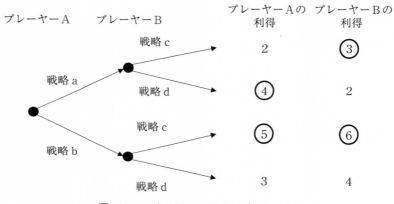

図11-4　バックワードインダクション

では，プレーヤーAはどのような戦略を選ぶべきであろうか。そこで，戦略aの場合の結果と戦略bの場合の結果について考えてみよう。戦略aの結果の利得は，2と4である。Aにとって利得が大きな4を得たいが，プレーヤーBは，Aが戦略aの場合，戦略cを選ぶことになるから，2しか得られないという結果になることがわかる。戦略bの結果の利得は，5と3である。Aにとって利得が大きな5を得たいと考えるであろう。そこで，プレーヤーBにとって，Aが戦略bの場合の利得は6と4となる。Bは戦略cを選ぶであろうから，Aも5の利得が得られることがわかる。したがって，Aは戦略bを選び，Bは戦略cを選ぶことになる。この経路（Path）は，均衡経路（Equilibrium Path）と呼ばれ，均衡経路がこのゲームの解となる。

演習 **13** Ｃ地域にはＡ社の店舗しかなく，これまで独占的に利益を得て
きた。そこにＢ社が店舗を出店するか否かを検討しているという情
報が得られた。Ｂ社が出店してきた場合，Ａ社がＢ社の販売価格に
合わせれば，市場が活性化し，お互いに1.5の利益が得られると予
想される。また，Ｂ社よりも低価格の場合は，販売数は上がるが利
益が圧迫され，Ａ社は1.2，Ｂ社は0.8の利益になると予想される。
逆に，Ｂ社よりも高価格の場合は，Ａ社が1，Ｂ社が1.2の利益に
なると予想される。なお，Ｂ社が出店しなければ，Ａ社は2の利益
のままであり，Ｂ社の利益は0である。ゲームの木を作成し，両社
の戦略を予想せよ。

《参考文献》

〔1〕　守谷栄一・小宮正好『技術者のための経営科学の知識』日本理工出版会，
1988年。

〔2〕　黒澤和人『情報処理技術者必携　統計・OR入門』共立出版，1995年。

〔3〕　松尾三郎監修『経営科学（情報処理教育講座シリーズ10)』，電子開発学園，
1986年。

〔4〕　西山賢一『勝つためのゲームの理論』講談社，1986年。

〔5〕　M.D.Davis, *iGame Theory*, Dover Publications, 1970.（桐谷維，森克美訳『ゲー
ムの理論入門―チェスから核戦略まで―』講談社，1973年）

〔6〕　西田俊夫『ゲームの理論』（OR ライブラリー17)，日科技連，1973年。

第12章

意思決定法

1　意思決定法

　意思決定とは，目的達成のために利用可能な代替的行為（複数）の中から，実施のためにその1つを選択する過程である。我々は，個人単位で，あるいは集団単位で，さまざまな意思決定を行っている。

　意思決定のための手法としては，線形計画法をはじめ多くの手法が開発され効果をあげている。意思決定のために利用されるデータには，客観的データと主観的データがあり，これまでの意思決定は，客観的データを基礎にするものが多かった。しかし，現実の意思決定の場で，客観的データが利用できるケースはごく限られたものである。

　ここでは，主観的判断を用いて意思決定を支援する方法として，ファジィ理論を基礎とするファジィ積分[1]，ショケ型ファジィ積分[2]およびAHP（Analytic Hierarchy Process；階層化意思決定法）[3][4]を取り上げる。これらの手法は，意思決定問題に限定して考える必要はなく，さまざまな問題に対処できるものである。

2　一対比較法

　多元的な評価項目によって，代替的行為の総合評価を行う最も簡便な方法が

一対比較法である。一対比較法は，各代替案に関する評価項目ごとの評価を一定の基準によってスコアとして表わし，評価項目の一対ごとの比較によって付したウェイトでスコアを総合化する方法である。以下，例題を用いてこの手法について説明する。

[例題]　3つの商品Ａ，Ｂ，Ｃがある。ある人が，この商品の中から1つを購入したいと考えており，4つの評価項目を取り上げて，どの商品を購入すればよいのかという意思決定を行った。

　この例題において，意思決定問題は，ある商品の購入であり，代替案はＡ，Ｂ，Ｃとなる。このＡ，Ｂ，Ｃを何らかの形で評価しなければ意思決定はできないので，評価基準を設定しなければならない。意思決定者は，評価基準として，デザイン，機能，価格，ブランド・イメージを取り上げたとしよう。評価基準や代替案は，意思決定者によって異なるものであり，意思決定者が変われば，取り上げる評価基準や代替案は異なるものと考えられる。
　一対比較法では，最初に評価基準で取り上げた項目の中から2つを取り出して，どちらが重要であるか比較していく。そして，重要である方に1を，そうでない方に0を付けて，**表12-1**のような表を作成する。
　各評価項目における1の数を得点とし，これらの合計が1になるように正規化を行う。この正規化して得られた数値は，評価基準として取り上げた項目が，

表12-1　一対比較法によるウェイト計算の例

評価項目	1	2	3	4	5	6	得点	ウェイト
デザイン	1	1	1				3	0.5
機能	0			1	1		2	0.33
価格		0		0		1	1	0.17
ブランド・イメージ			0		0	0	0	0
合計							6	1.0

表12-2 代替案のスコアの例

	評 価 項 目			
代替案	デザイン	機能	価格	ブランド・イメージ
A	8	5	7	10
B	6	7	6	8
C	4	6	8	9

全体に対して，どのようなウェイトをもって重要視されるかを表している。

次に，各代替案に対して，評価項目ごとに10点満点で採点を行う（**表12-2**）。

最後に，各代替案に表12-1で得られた評価項目のウェイトと表12-2で得られた得点を掛け合わせることで，総合得点を計算する。

$$
\begin{aligned}
\text{総合得点}\quad & A: 8 \times 0.5 + 5 \times 0.33 + 7 \times 0.17 + 10 \times 0 = 6.84 \\
& B: 6 \times 0.5 + 7 \times 0.33 + 6 \times 0.17 + \ 8 \times 0 = 6.33 \\
& C: 4 \times 0.5 + 6 \times 0.33 + 8 \times 0.17 + \ 9 \times 0 = 5.34
\end{aligned}
\qquad (12.1)
$$

> 演習 1 各自で，意思決定を行いたい問題に対して，評価項目を設定し，一対比較法を用いて代替案を評価せよ。

3 ファジィ積分

一対比較法は簡便な方法であるが，表12-1のブランド・イメージのウェイトを見てわかるとおり，0となる項目が出現する場合がある。これは，0か1かの比較を行っているからであって，コンピュータのようなデジタルな意思決定となっているからである。そこで，人間が行う意思決定に近づける方法としてファジィ積分が登場した。

1972年，菅野によって，人間の主観性を計量する概念として，ファジィ測度

およびファジィ積分が定義された[1]。ここでは，いくつかの評価項目 X = {x_1, x_2, …, x_n} の中から，意思決定者がどの程度重視するかという重視度をファジィ測度（意思決定者の主観性を反映させた度合）として解釈する。

意思決定者の重視度を（ファジィ測度）g(·) で表わし，評価項目 x_i に対して，意思決定者が判断する望ましさの度合を h(x_i) とすれば，その評価値（ファジィ積分値）は，

$$fh(x_i) \circ g(\cdot) = \underset{1 \leq j \leq n}{\mathrm{Sup}}[h(xi_j) \wedge g(X_j)] \quad (有限離散集合の場合) \quad (12.2)$$

である。ただし，h(xi_j) とは h(x_i) が h(xi_1) ≧ h(xi_2) ≧…≧ h(xi_n)というような大きさの順に並びかえたもので，X_j = {xi_1, …, xi_j} であり，∧は小さい方をとる演算である。

本章2で取り上げた例題を用いると，評価値および重視度は，**表12-3**のように得られる。例えば，代替案Aのデザインの評価値は，0〜1の範囲（0は最低点，1は最高点である）で考えれば0.8であり，デザインの重視度は，0〜1の範囲で考えれば0.8というように与える。また，重視度は，合計が1になるように正規化したものを用いる。

式（12.2）により，代替案Aのファジィ積分値は，**図12-1**のように表すことができる。

図12-1より，代替案Aのファジィ積分値は0.7となる。

表12-3　ファジィ積分による評価値・重視度の例

評価項目	代替案			重視度	
	A	B	C		
デザイン（x_1）	0.8	0.6	0.4	0.8	0.4
機　能（x_2）	0.5	0.7	0.6	0.6	0.3
価　格（x_3）	0.7	0.6	0.8	0.4	0.2
ブランド・イメージ（x_4）	1.0	0.8	0.9	0.2	0.1
合　計				2.0	1.0

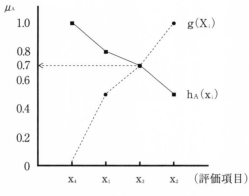

図12-1 代替案Aのファジィ積分値

演習 **2** 代替案B，Cについて，ファジィ積分値を求めよ。

3 演習1で用いた意思決定問題に対して，ファジィ積分を用いて代替案を評価せよ。

4 ショケ型ファジィ積分

菅野によって定義されたファジィ積分は，大小関係だけで定義されており，一般のファジィ測度に対する積分形として適当なものである。しかし，これはルベーグ積分の拡張ではない。

したがって，一般のファジィ測度に関する積分であって，ファジィ測度が加法性を持つときには，ルベーグ積分に一致するような積分が望まれる。

そこで，ショケ（Choquet）の定義した汎関数[5]が，一般のファジィ測度による積分とみなされる[6]ことに着目する。このショケ型ファジィ積分は，次のように定義される。

$$(C)\int_X h dg = \sum_{i=1}^{n} (a_i - a_{i-1}) g(F_i) \quad (12.3)$$

ただし，$0 \leqq a_1 \leqq a_2 \leqq \cdots \leqq a_n \leqq 1$，$F_1 \supset F_2 \supset \cdots F_n \supset \phi$ である。

表12-4　ショケ型ファジィ積分による評価値の例

	代替案		
評価項目	A	B	C
デザイン（x_1）	0.8	0.6	0.4
機　　能（x_2）	0.5	0.7	0.6
価　　格（x_3）	0.7	0.6	0.8
ブランド・イメージ（x_4）	1.0	0.8	0.9

表12-5　重視度（g（Fi））の例

X	重視度（正規化）
$\{x_1, x_2, x_3, x_4\}$	10（1.0）
$\{x_1, x_2, x_3\}$	9（0.9）
$\{x_1, x_2, x_4\}$	9（0.9）
$\{x_1, x_3, x_4\}$	7（0.7）
$\{x_2, x_3, x_4\}$	8（0.8）
$\{x_1, x_2\}$	7（0.7）
$\{x_1, x_3\}$	6（0.6）
$\{x_1, x_4\}$	5（0.5）
$\{x_2, x_3\}$	6（0.6）
$\{x_2, x_4\}$	6（0.6）
$\{x_3, x_4\}$	4（0.4）
$\{x_1\}$	2（0.2）
$\{x_2\}$	3（0.3）
$\{x_3\}$	2（0.2）
$\{x_4\}$	1（0.1）
ϕ	0（0）

注：評価項目がｎ個あると，その部分集合は2ｎ個存在する。

総合評価：Aについて

代替案Aのショケ型ファジィ積分値：

$$(C)\int h_A dg = 0.5 \times 1 + (0.7-0.5) \times 0.7 + (0.8-0.7) \times 0.5$$
$$+ (1.0-0.8) \times 0.1 = 0.71 \tag{12.4}$$

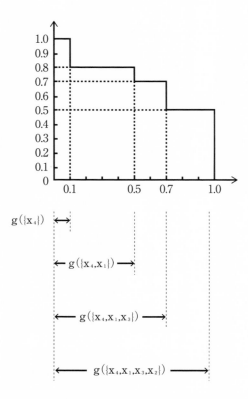

図12-2 代替案Aのショケ型ファジィ積分値

演習 **4**　B，Cについて，ショケ型ファジィ積分値を求めよ。

5　演習１で用いた意思決定問題に対してショケ型ファジィ積分を用いて，代替案を評価せよ。

5　AHP

　AHP（階層化意思決定法）[3]は，ピッツバーグ大学のサーティー（T.L.Saaty）によって1970年代から開発されてきたが，あいまいな状況下での意思決定に役立つ手法として広く注目を集めている。以下，AHP の手順を示す[4]。

(1)　階層図の作成

　AHP は，「問題」，「代替案」の間に「評価基準」が存在すると考え，**図12-3**のような階層図の作成を行う。このとき，階層図は大別して**図12-4**(a)〜(c)の３つのパターンに分類される。

　ここでは，階層図の上層を親レベル，その下層を子レベルと呼ぶ。

図12-3　階層図

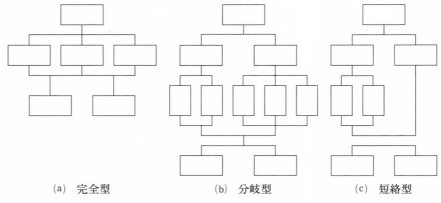

(a) 完全型　　　　　(b) 分岐型　　　　　(c) 短絡型

図12-4　階層図のパターン

(2)　一対比較

各レベルの同一要素につき，親レベルに対する一対比較を行う。このとき用いる一対比較値は，**表12-6**に示す値を用いる。

表12-6　一対比較値

一対比較値	意　　　　味
1	項目 x_i と項目 x_j が同じくらい重要
3	項目 x_i の方が項目 x_j よりも若干重要
5	項目 x_i の方が項目 x_j よりも重要
7	項目 x_i の方が項目 x_j よりもかなり重要
9	項目 x_i の方が項目 x_j よりも絶対的に重要
2，4，6，8	補間的に用いる
上の数の逆数	項目 x_j の方から項目 x_i をみた場合

出典：T.L.Saaty, *The Analytic Hierarchy Process*, McGraw-Hill, 1980, p.54.

表12-7　一対比較表の例

	デザイン	機能	価格	ブランド・イメージ
デザイン	1	3	5	7
機　能	$\frac{1}{3}$	1	5	7
価　格	$\frac{1}{5}$	$\frac{1}{5}$	1	3
ブランド・イメージ	$\frac{1}{7}$	$\frac{1}{7}$	$\frac{1}{3}$	1

(3)　相対的重要度の決定

　ここでは，関数電卓を用いた相対的重要度（以下，重要度とする）の計算方法について述べる。この方法は，本来の手法の近似計算である（**表12-8**）。

　例えば，デザインに関する幾何平均は，$(1 \times 3 \times 5 \times 7)^{\frac{1}{4}}$として求める。

　次に，代替案A，B，Cについて，評価項目ごとに一対比較を行う（**表12-9**）。

表12-8　重要度の計算

	デザイン	機能	価格	ブランド・イメージ	幾何平均	重要度
デザイン	1	3	5	7	3.20	0.540
機　能	$\frac{1}{3}$	1	5	7	1.85	0.312
価　格	$\frac{1}{5}$	$\frac{1}{5}$	1	3	0.59	0.099
ブランド・イメージ	$\frac{1}{7}$	$\frac{1}{7}$	$\frac{1}{3}$	1	0.29	0.049
合　　計					5.93	1.0

　機能，価格，ブランド・イメージについての一対比較表は省略する。省略された一対比較表より，代替案A，B，Cについての各評価項目での重要度をまとめると，**表12-10**のようになる。

表12-9　デザインに関する代替案の評価

デザイン	A	B	C	幾何平均	重要度
A	1	2	3	1.817	0.540
B	$\frac{1}{2}$	1	2	1.0	0.297
C	$\frac{1}{3}$	$\frac{1}{2}$	1	0.550	0.163
合　　計				3.367	1.0

表12-10　集計

	デザイン (0.540)	機　能 (0.312)	価　格 (0.099)	ブランド・イメージ (0.049)
A	0.540	0.106	0.540	0.200
B	0.297	0.744	0.163	0.400
C	0.163	0.150	0.297	0.400

(4)　重要度の総合化

　以上のように得られた値を，代替案ごとに評価項目の重要度を掛け，その値を加えたものが，総合的な重要度となる（**表12-11**）。

表12-11　総合的重要度

	デザイン	機　能	価　格	ブランド・イメージ	総合的重要度
A	0.292	0.033	0.053	0.010	0.388
B	0.160	0.232	0.016	0.020	0.428
C	0.088	0.047	0.029	0.020	0.184
合　計					1.0

(5)　整合性

　(1)から(4)までが一連の手順であるが，一対比較によって得られた表12-8や表12-9における値は，2つの項目間の価値の比較であるから，全体としての整合性を確かめる必要がある。例えば，項目 x_1 よりも項目 x_2 の方が重要とし，項目 x_2 よりも項目 x_3 の方が重要であるとしたにもかかわらず，項目 x_3 よりも項目 x_1 の方が重要であるという判断をした場合，全体としての整合性に欠けるであろう。ここでは，不整合性の度合を一対比較表とそれから得られる重要度をもとにして確認する方法について述べる。

表12-12　整合度の計算

	デザイン 0.540	機能 0.312	価格 0.099	ブランド・イメージ 0.049	チェック1	チェック2
デザイン 0.540	1×0.540	3×0.312	5×0.099	7×0.049	2.314	4.285
機　能 0.312	$\frac{1}{3} \times 0.540$	1×0.312	5×0.099	7×0.049	1.330	4.263
価　格 0.099	$\frac{1}{5} \times 0.540$	$\frac{1}{5} \times 0.312$	1×0.099	3×0.049	0.416	4.202
ブランド・イメージ 0.049	$\frac{1}{7} \times 0.540$	$\frac{1}{7} \times 0.312$	$\frac{1}{3} \times 0.099$	1×0.049	0.204	4.163
合　　計						16.913

　表12-12は，この確認を行う場合の計算手順を示し，チェック1の欄に合計値を，チェック2の欄に合計値÷重要度を記入する。

$$\text{整合度} = \frac{\text{チェック2の平均} - \text{項目数}}{\text{項目数} - 1} = \frac{\dfrac{16.913}{4} - 4}{4 - 1} = 0.076 \qquad (12.5)$$

　　　注：整合度の計算は，すべての一対比較表に対して行う。

　ここで得られた整合度（近似値）は，一対比較表が完全な整合性を持っているとき0となるが，不整合な表になるほど，その値は大きくなる。このとき，

許容できる限度は，0.1（場合によっては0.15）ぐらいまでで，これより大きい場合は，一対比較表を再点検する必要がある。なお，整合性の悪い場合の対処法については，いくつか提案されている。

演習 **6** 表12-9の整合度を求めよ。

---

(6) 感度分析

一対比較値を多少変動させて，結果に与える影響を調べることにより，より判断の正しい評価を行うことができる。

(7) AHP の理論[7]

いま，n 個の評価項目 x_1, x_2, $\cdots$, x_n があり，その本来のウェイトが w_1, w_2, $\cdots$, w_n であるとする。このとき，項目 x_i と x_j の重要度の一対比較値 a_{ij} は，

$$a_{ij} = \frac{w_i}{w_j} \tag{12.6}$$

という関係を満たすはずである（$\frac{w_i}{w_j}$ で a_{ij} を推定している）。したがって，一対比較行列 A は，

$$A = \begin{bmatrix} \dfrac{w_1}{w_1} & \dfrac{w_1}{w_2} & \cdots\cdots & \dfrac{w_1}{w_n} \\ \dfrac{w_2}{w_1} & \dfrac{w_2}{w_2} & \cdots\cdots & \dfrac{w_2}{w_n} \\ \cdot & \cdot & \cdot & \cdot \\ \cdot & \cdot & \cdot & \cdot \\ \cdot & \cdot & \cdot & \cdot \\ \dfrac{w_n}{w_1} & \dfrac{w_n}{w_2} & \cdots\cdots & \dfrac{w_n}{w_n} \end{bmatrix} \tag{12.7}$$

となる。

　この行列Aは，理想的な評価が行われた場合に得られることになるが，この理想的な行列Aを想定して，行列Aの右側からウェイトのベクトル $w^T = (w_1\ w_2\cdots\cdots w_n)$ を掛ければ，

$$
\begin{bmatrix}
\dfrac{w_1}{w_1} & \dfrac{w_1}{w_2} & \cdots\cdots & \dfrac{w_1}{w_n} \\
\dfrac{w_2}{w_1} & \dfrac{w_2}{w_2} & \cdots\cdots & \dfrac{w_2}{w_n} \\
\cdot & \cdot & \cdot & \cdot \\
\cdot & \cdot & \cdot & \cdot \\
\cdot & \cdot & \cdot & \cdot \\
\dfrac{w_n}{w_1} & \dfrac{w_n}{w_2} & \cdots\cdots & \dfrac{w_n}{w_n}
\end{bmatrix}
\begin{bmatrix} w_1 \\ w_2 \\ \cdot \\ \cdot \\ \cdot \\ w_n \end{bmatrix}
= n
\begin{bmatrix} w_1 \\ w_2 \\ \cdot \\ \cdot \\ \cdot \\ w_n \end{bmatrix}
\tag{12.8}
$$

となる。この関係式よりウェイト・ベクトルは，行列Aの固有ベクトルであり，nは固有値であることがわかる（すなわち，線形代数でおなじみの固有値 λ と固有ベクトル）。このとき，行列Aの2行目以下は，第1行の定数倍であるから，行列Aの階数は1で，行列Aの固有値　λ_i（$i = 1, 2, \cdots, n$）の内の1つだけが非ゼロ，他はすべてゼロである。また，一般に，

$$\Sigma\, \lambda_i = （行列Aの対角要素の和）= n \tag{12.9}$$

であるから，ゼロでない唯一の λ を λ_{max} とすると，

$$\lambda_{max} = n, \quad 他の\ \lambda_i = 0 \tag{12.10}$$

となる。

　したがって，λ_{max} に対する固有ベクトルwをウェイトとする。ただし，$\Sigma\, w_i = 1$ となるように正規化したものを用いる。

　現実の一対比較行列Aは，このような理想的な形をしていることは期待できないにしても，ほぼこの形に近い形をしているとみれば，行列Aの最大固有値と固有ベクトルを求めれば，その固有ベクトルが各評価項目のウェイトとして採用できることになる（このようにして，本来のウェイトを計算する。本文中では，近似計算として幾何平均を用いた）。

　ここで，一般に現実の一対比較行列Aの最大固有値を λ_{max}，固有ベクトルを

vとする（すなわち，$v^T = (v_1 v_2 \cdots v_n)$）。このとき，固有値と固有ベクトルの関係より，

$$Av = \lambda_{max} v \tag{12.11}$$

という式が成立する。

この式を展開して，

$$\sum_{j=1}^{n} a_{ij} v_j = \lambda_{max} v_i, \quad i = 1, \ 2, \ \cdots, \ n \tag{12.12}$$

と表わすことができる。したがって，

$$\lambda_{max} = \sum_{j=1}^{n} a_{ij} \frac{v_j}{v_i} \tag{12.13}$$

を得る。ここで，一対比較行列Aの要素は，

$$a_{ij} = \begin{cases} a_{ij} & i < j \\ \dfrac{1}{a_{ij}} & i > j \\ 1 & i = j \end{cases} \tag{12.14}$$

であるから，$y_{ij} = a_{ij} \dfrac{v_j}{v_i}$とおくと式（12.11）から，

$$\lambda_{max} - 1 = \frac{1}{n} \sum_{1 \le i < j \le n} \left(y_{ij} + \frac{1}{y_{ij}} \right) \tag{12.15}$$

を得る。

一般に$y_{ij} > 0$であるから（算術平均）≧（幾何平均）（（相加平均）≧（相乗平均））より，

$$y_{ij} + \frac{1}{y_{ij}} \ge 2 \tag{12.16}$$

が成立する。また，等号成立は，$y_{ij} = 1$のときである。

したがって，

$$\lambda_{max} - 1 \ge \frac{1}{n} \cdot 2 \cdot \frac{n(n-1)}{2} \tag{12.17}$$

となり,

$$\lambda_{max} \geqq n \tag{12.18}$$

が成立することがわかる。等号成立は,すべての i, j に対して,$y_{ij} = 1$ すなわち,

$$a_{ij} = \frac{v_i}{v_j} \tag{12.19}$$

が成立するときである。

さらに,このときのみ一対比較値の推移率が成立し,すべての i, j, k に対して,

$$a_{ik} = a_{ij} \cdot a_{jk} \tag{12.20}$$

が成立する。このとき,行列 A は整合性があるという。

一般の行列 A に対しては,通常この推移率が成立しないので,

$$\lambda_{max} > n \tag{12.21}$$

の関係がある。

さて,行列 A には n 個の固有値があり,その和は n(式(12.9))であるから,式(12.18)より,

$$\lambda_{max} - n \tag{12.22}$$

は,λ_{max} 以外の固有値の大きさを示す指標(完全に整合性があるときとのずれ)とみることができる。(n − 1)個の固有値でこの指標を持つので,1 個当たりの平均は,

$$\frac{\lambda_{max} - n}{n - 1} \tag{12.23}$$

となる。

したがって,行列 A が完全な整合性を持つ場合はこの値が 0 であり,大きくなるほど,不整合性が高くなる。この値を整合度(Consistency Index;C.I.)と呼ぶ。

以上のようにして，ウェイトと整合度が理論的に導かれる。

さらに，整合性を表わすもう1つの指標として整合比（Consistency Ratio；C. R.）がある。これは，$\frac{1}{9}$，$\frac{1}{8}$，…，$\frac{1}{2}$，1，…，9の値をランダムに入れた行列A（ただし，対角要素は1で，対称要素の逆数関係は成立）のC.I.を多数回計算し，その平均M（ランダム整合度）で，C.I.を割った値である。

表12-13　ランダム整合度

n	1	2	3	4	5	6	7	8	9	10	11	12
M	0.00	0.00	0.58	0.90	1.12	1.24	1.32	1.41	1.45	1.49	1.51	1.53

出典：T.L.Saaty, *The Analytic Hierarchy Process*, McGraw-Hill, 1980, p.21.

$$\text{C.R.} = \frac{\text{C.I.}}{M} \tag{12.24}$$

この整合比も0.1（場合によっては0.15）以下であればよい。

(8)　手順のまとめ

① 問題を分析して階層図を作成。

② 階層図の各レベルの要素をすぐ上のレベルの親要素からみて一対比較を行い，一対比較表を作成。これを階層図の上から下に行う。

③ 各一対比較表において，要素の重要度（ウェイト），整合度・整合比を計算。整合度・整合比が大きすぎたら，②の比較判断を再検討する。

④ 一対比較の結果からウェイトを合成し，最終目標から見た代替案の総合的重要度を求める。

⑤ 感度分析を行う。

(9)　実施上の注意事項

① 評価項目で不足しているものはないか，十分検討して問題を正確に表現した階層図を作成する。

② 同一レベルに取り入れる評価項目は，互いに独立性の高いものを採用す

る。

③ 一対比較の対象となる項目数は，7個まで，多くても10個以下にする。

④ 一対比較値に自信が持てない場合は，その値に対する感度分析を行ってみる。

⑤ 集団意思決定に AHP を用いる場合は，一対比較値として，メンバーの幾何平均値を採用する。

演習 7 演習1で用いた意思決定問題に対して AHP を用いて，代替案を評価せよ。

8 各自で意思決定を行いたい問題に対して，代替案に対する資料を集め，評価基準を設定し，評価基準に基づき資料を整理して AHP を用いて評価・考察せよ。（次頁以降の AHP 演習シートを利用）

AHP 演習シート

問　　題：_____

評価基準：_____（4つ）

代 替 案：_____（4つ）

$(\sqrt[4]{a} = a^{\frac{1}{4}} = (a^{\frac{1}{2}})^{\frac{1}{2}} = \sqrt{\sqrt{a}}$ として計算できる）

```
         ┌──────────┐
         │          │
         └────┬─────┘
    ┌─────┬───┼───┬─────┐
 ┌────┐ ┌────┐ ┌────┐ ┌────┐
 │    │ │    │ │    │ │    │
 └────┘ └────┘ └────┘ └────┘
         ┌─────┼─────┐
      ┌────┐ ┌────┐ ┌────┐ ┌────┐
      │    │ │    │ │    │ │    │
      └────┘ └────┘ └────┘ └────┘
```

_____に関する対比較表

					幾何平均	重要度	チェック1	チェック2
合　計							―	

_____に関する対比較表

					幾何平均	重要度	チェック1	チェック2
合　計							—	

_____に関する対比較表

					幾何平均	重要度	チェック1	チェック2
合　計							—	

_____に関する対比較表

					幾何平均	重要度	チェック1	チェック2
合　計							—	

＿＿＿＿に関する対比較表

					幾何平均	重要度	チェック1	チェック2
合　計							—	

総合的重要度：（計算式も記入）

考　察

6 ファジィ AHP

最近では，ファジィ AHP に関する研究も行われている[8][9]。

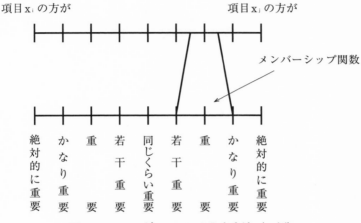

図12-5 ファジィ AHP の入力方法（一例）

《引用・参考文献》

〔1〕 菅野道夫「ファジィ測度とファジィ積分」『計測自動制御学会論文集』（Vol. 8，No.2）1972年。

〔2〕 室伏俊明・菅野道夫「Fuzzy t-conorm 積分 -Fuzzy 積分と Choquet 積分の一般化」『第4回ファジィシステムシンポジウム論文集』，1988年，345-350頁。

〔3〕 T.L.Saaty, *The Analytic Hierarchy Process*, McGraw-Hill, 1980.

〔4〕 刀根薫『ゲーム感覚意思決定法』日科技連，1986年。

〔5〕 G.Choquet, *Theory of Capacities, Ann. Inst. Fourier 5*, 1953, pp.131-295.

〔6〕 S.Weber, *⊥-decomposable measures and integrals for Archimedean t-*conorms ⊥, J.Math. Anal. Appl., 101, 1984, pp.114-138.

〔7〕 刀根薫，前掲書，33-38頁。

〔8〕 J.J.Buckly, *Fuzzy Hierarchical Analysis*, Fuzzy Sets and Systems, Vol.17, 1985, pp.233-247.

〔9〕　小谷直也・古殿幸雄「ファジィ指数型 AHP とその適用の事例研究」『バイオ
　　　メディカル・ファジィ・システム学会誌』（Vol.10，No.1 ）2008年，11-18頁。

第3部 経営工学への展開 ━━

第13章
生 産 管 理

1　生産管理

　経営工学は，現実の企業組織の中にある各部門（生産管理部，資材管理部，研究開発部，財務部，人事部，営業部など）と密接に結びつき，それらの業務の計画や運用・改善を検討する学問である。ここでは，産業革命以来，工場生産の効率化を目指して人類が歩んできたことを念頭に，生産活動の管理として，生産管理を最初に取り上げて考えたい。

　生産管理は，目的とする製品を産出するために，効果的な生産過程を構成して，その製品に対するユーザーの要求や期待に基づいて具体的な生産目標を設け，それにしたがって生産過程を適切に稼働させることにより，全体として効率的な生産を行わせる体系ならびにその活動のことである[1]。

　生産管理はもともと，工場という現場の中から生まれたものであるから，その中心となる理論や技法は，工場においての製品の生産を管理することを目的として構成される。しかしながら，この考え方は，工場の製品という有形のものに対してだけでなく，情報やサービスなどの無形のものの生成や提供の活動に対しても有効である[1]。

2 生産活動

生産を管理するために，生産活動について把握しておく必要がある。生産活動を簡略化して考えると，

投入：材料を入れる

変換：その形，質などを変える

産出：製品を出す

という，3つの部分が連結したものとしてとらえることができる[2]。これを生産過程と呼ぶ。また，生産性は，

$$生産性 = \frac{産出}{投入} \qquad (13.1)$$

として表すことができる。

さて，生産に具合の悪いことが起これば，投入，変換，産出の3つの部分のどこかが悪いと考えることができる。そこで，生産を管理するためには，どこからどこまでを対象とするのか（範囲規定）と管理の重点は3つの部分のどこにあるのか（対象区分）を検討する必要がある[2]。

演習 **1** 労働生産性，資本生産性，原材料生産性を式で表せ。

ポイント 労働生産性は，分母に労働時間または労働人数を用いる。資本生産性は，分母に機械稼働時間または機械台数を用いる。原材料生産性は，分母に原材料消費量を用いる。

2 物的労働生産性，価値労働生産性，付加価値労働生産性を式で表せ。

ポイント 労働生産性の式において，物的労働生産性は，分子に

販売量または生産量を，価値労働生産性は，分子に売上高を，付加価
値労働生産性は，分子に付加価値を用いる。

3　生産性の向上

　生産性が向上すると，企業が成長し，存続することができる。さらに，国民
経済全体の繁栄につながる。
　生産性を向上するためには，産出が一定の場合は，より少ない経営資源の投
入を考える必要があり，経営資源が一定の場合は，産出を大きくする必要があ
る。これらを管理するために，原価管理，品質管理，工程管理などが重要とな
る。原価管理については，第16章の財務管理において，品質管理においては第
14章で考えることにする。

> **演習 3**　演習1の労働生産性を向上させるためには，どのようなことが必
> 要か述べよ。
> 　**ポイント**　労働能率向上のための技術的な諸施策，管理の質の向上，
> 人事管理やモラールなどの人間的な側面，省力化，新鋭機械設備の導
> 入といった設備投資などの要因が必要である。

4　工程管理

　生産を進めるには，生産計画を立ててその計画を実行して製品を作り上げて
いかなければならない。生産計画が決定した後，実施するための管理を工程管
理（狭義の工程管理）という。すなわち，現実に生産が開始された後，生産計
画どおりに実施されたかを管理するのが工程管理である。したがって，生産計

画における計画量に対して，実施量の差異を検討して，もし差があればその対策を考えて，計画量と実施量が等しくなるように管理しなければならない。そのためには，生産計画の修正を考える必要も出てくる。すなわち，工程管理は，生産実施後の生産現場だけの管理でなく，生産計画の領域にもその範囲が及ぶことになる。この生産計画を含む工程管理を広義の工程管理という[3]。

　工程管理の手順をまとめると次のようになる[4]。

　手順1）生産計画に応ずる準備をする。
　手順2）その仕事をするように割り当てを通知する。
　手順3）材料を届ける。
　手順4）仕事の進度を調べる。
　手順5）その対策として進度調整をする。
　手順6）それらの結果を記録する。

　これらを遂行するため，手配，作業分配（差立て），進度管理，資料管理などの業務が必要で，大概は伝票を通じて進められていく。
　手配には，①生産の命令，②材料の手配，③外注の手配，④作業準備の手配，⑤個別の作業手配が含まれる。
　作業分配は，作業伝票類によって材料や工具などの準備をし，準備ができたら，その作業の技能や作業量などを考えて作業者に分配することである。このために，差立て板などが利用される。
　進度管理は，進度表を使って，計画的に生産されているか，遅れているか進んでいるか，なぜ遅れたか，原因を調べ，遅れを回復させるための対策をとる。
　資料管理は，将来の計画を立て，その狂いを予防するために，生産数量，不良数，作業時間，無作業時間，その他の資料，あるいは遅れの原因統計などを分析し，結論を求めることである。
　また，生産を実行する品名，数量，期日を定め，これを指示するために，日程計画が立てられる。日程計画の方法は，第9章を参照されたい。

　さらに，できるだけ偏りなく工数と設備が稼働できるように，品種別生産量の組み合わせ，すなわち製品混合（プロダクト・ミックス）を線形計画法などを使って生産能力と調達能力の調和が行われる。線形計画法は，第8章を参照されたい。

演習 4　現品管理，余力管理（負荷管理）について調べよ。

　ポイント　現品管理：仕掛品の所在や数量が，伝票と食い違うことがないか確かめる。

　　余力管理：人や設備の能力（作業可能時間など）のバランスをとる。

---

5 MRP

　生産計画と資材の調達および在庫などを統合する考え方がある。ここでは，この方法について解説する。

　MRP（Material Requirements Planning：資材所要量計画）は，最終製品に対する需要に基づいて決定した MPS（Master Production Schedule）と呼ばれる計画期間内の最終製品の生産計画をもとに，その製品を構成する部品の生産（あるいは補充）リードタイムを逆算し，各工程での在庫をなくすように生産日程（資材調達日程）を決定するものである[5]。

　MRP は，次の①〜④の4種類の基礎情報をもとにして，次の(a)〜(f)の6項目を計算する。

①　基準生産計画（MPS）
②　部品構成表（Bill of Material；BOM）
③　部品関連情報
④　指示済オーダー明細

(a)　総所要量計算

(b)　純所要量計算

(c)　ロット編成計算

(d)　先行計算

(e)　勧告オーダー

(f)　進度訂正勧告

　MRP の計算プロセスの例を示そう。まず，次の**表13-1～4**が基礎情報である。

表13-1　基準生産計画

指示日 ××年××月××日					
品　　名	計　画　数　量（第　×　週）				
	1	2	3	4	5
X	150	50	50	100	150
Y	200	100	300	200	100
Z	80	100	90	120	50

表13-2　部品構成表

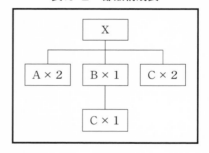

表13-3　部品関連情報

品名	単位	在庫数	指示済数	発注方針	リードタイム	備　考
A	個	250	—	その都度	2週間	購入部品
B	個	20	50	定期発注（2週間）	1週間	社内加工部品
C	個	200	300	定量発注（300個）	2週間	購入部品
X	個	0	150	生産計画どおり	1週間	完成品

表13-4　指示済オーダー明細

品名	オーダー番号	数量	完了予定
B	××－001	50	第1週
C	××－006	300	第2週
X	××－100	150	第1週

次に，基礎情報をもとにして，計算を行い，次の**表13-5～9**を得る。

表13-5　製品Xの組立着手計画

第×週	1	2	3	4	5
基準生産計画	150	50	50	100	150
完了予定	150	—	—	—	—
組立計画（完了）	—	50	50	100	150
組立計画（着手）	50	50	100	150	—

表13-6　部品Aの計算

	発注方針：その都度 リードタイム：2週間			
第×週	1	2	3	4
総所要量	100	100	200	300
指示済オーダー	—	—	—	—
在庫（250）	150	50	—	—
純所要量	—	—	150	300
計画オーダー（完了）	—	—	150	300
計画オーダー（着手）	150	300	—	—
（勧告オーダー）	150個第1週に発注せよ。 納期は第3週初め。			

表13-7 社内加工品Bの計算

	固定期間：2週間 リードタイム：1週間			
第×週	1	2	3	4
総所要量	50	50	100	150
指示済オーダー	50	—	—	—
在庫（20）	20	100	—	—
純所要量	—	30	100	150
計画オーダー（完了）	—	130	—	150
計画オーダー（着手）	130	—	150	—
（勧告オーダー）	130個第1週に発注せよ。 納期は第2週初め。			

表13-8 共通部品Cの総所要量計算明細表

第×週	1	2	3	4
製品Xから	100	100	200	300
製品Bから	50	50	100	150
合　　計	150	150	300	450

表13-9 共通部品Cの計算

	固定数量：300個 リードタイム：2週間			
第×週	1	2	3	4
総所要量	150	150	300	450
指示済オーダー	—	300	—	—
在庫（200）	50	200	200	50
純所要量	—	—	100	250
計画オーダー（完了）	—	—	300	300
計画オーダー（着手）	300	300	–	–
（勧告オーダー）	300個第1週に発注せよ。 納期は第3週初め。			

　MRP は現在の ERP（Enterprise Resource Planning）へとつながり，ERP に
おける生産部門のシステムとなっている。

演習 5　次の MRP の計算をせよ。

基準生産計画

指示日 ××年××月××日					
	計画数量（第×週）				
品名	1	2	3	4	5
W	100	110	100	90	105

部品構成表

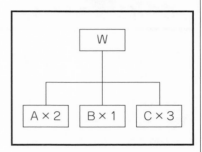

部品関連情報

品名	単位	在庫数	指示済数	発注方針	リードタイム	備　考
A	個	300	—	その都度	1 週間	購入部品
B	個	100	150	定期発注（2週間）	1 週間	社内加工部品
C	個	450	300	定量発注（300個）	2 週間	購入部品
W	個	20	100	生産計画どおり	1 週間	完成品

指示済オーダー明細

品名	オーダー番号	数量	完了予定
B	××―010	150	第 1 週
C	××―067	300	第 2 週
W	××―100	100	第 1 週

6　ネット調達が企業経営に与える影響について述べよ。

　🔧 **ポイント**　ネット調達とは，電子カタログのような簡単なものから，

相互見積，調達オークション，電子市場，会社間の共同を促すものま
で幅広い。調達側は，コスト削減に，納入業者は，新規取引先の拡大
や，機動的な在庫処分が可能になる。同時にリアルタイムでの意思決
定，スピード経営が要求される。

6 インダストリ4.0

　日本政府の IT 国家戦略については，第1章で述べたが，各国でも国家戦略
が策定されている。例えば，ドイツ政府は，ハイテク立国および製造立国とし
ての地位を将来にわたって維持・発展させていくために，2006年8月，ハイテ
ク戦略（High-Tech Strategy）を発表した。ハイテク戦略は，ドイツ政府が推
進する製造業の高度化を目指す戦略的プロジェクトであり，ICT を駆使した
製造業の革新も盛り込まれた。これ以降，政府と企業による研究開発投資が大
幅に増加することになった。2010年6月には，2020年までを視野に入れたハイ
テク戦略2020（High-Tech Strategy 2020）が策定され，インダストリ4.0（第四
次産業革命，**図13-1**参照）が組み込まれた。

　インダストリ4.0では，特に製造業を高度にデジタル化することにより，す
べての機器がインターネットにつながり（IoT：Internet of Things），ビッグ
データ（Big data）を駆使しながら，機械同士（Machine to Machine；M2M）が
連携して動き，機械と人とが連携して動くサイバー・フィジカルシステム（Cy-
ber-Physical System）によって，製造現場が最適化されるスマート・ファクト
リー（Smart Factory）の実現を目指している。

　今後は，工場をクラウドに接続して，生産管理を行うことになり，すべての
機器がインターネットに接続される IoT 時代には，工場内の各種生産設備の
情報やセンサーデータをクラウドで解析し，最適な生産管理を行うようになる
だろう。

　なお，生産管理システムの導入形態は，クラウド型かオンプレミス

（On-Premises）型の2つに分類される。クラウド型はサーバーを自社ではなくシステム提供側が管理し，ネットワークを通じてサービスを利用する方法である。オンプレミス型は管理サーバーを自社内に置く方法を指す。

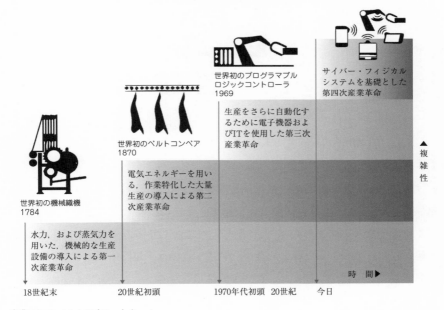

図13-1　インダストリ4.0

出典：Industrie4.0プラットホーム

《引用・参考文献》

〔1〕　山口襄編著『経営工学概論（経営工学シリーズ2）』，日本規格協会，1981年，59頁。

〔2〕　山口襄編著，前掲書，60頁。

〔3〕　高城重道『生産工学概論［増補版］』パワー社，1984年，66頁。

〔4〕　浅居喜代治編著『現代経営工学概論』オーム社，1983年，107頁。

〔5〕　前川良博編著『経営情報管理（経営工学シリーズ10)』日本規格協会，1981年，132-141頁。

第14章

品 質 管 理

1　品質管理の変遷

　フォード・システムに代表される大量生産システムは，フォード社が，1908年以来20年間で1,500万台にのぼる自動車を市場に供給したことからも，まさしく画期的なものであった[1]。しかし，同時に不良品の多発という問題を引き起こした。このような背景のなか，アメリカのベル電話研究所において統計的品質管理の研究が始められ，1924年にはシューハート（W.A.Shewhart）による管理図法，ダッジ（H.F.Dodge），ロミッグ（H.G.Romig）による抜取検査法が発表された[2]。

　品質管理は，まず品質という本来質的なものを量的なものに置き換えて管理することから出発した。すなわち，品質特性，代用特性という概念を導入し，計量値もしくは計数値により品質を代用させて，これを統計的に管理したのである。

　統計的に管理したとは，品質を特性の値のばらつきとしてとらえたことを意味する。このばらつきの原因には，見逃すことのできない原因によるばらつきと偶然原因によるばらつきの2種類があることがシューハートにより提唱されていた[3]。

　このような統計的品質管理（SQC）は，アメリカにおいて1920年代後半より徐々に普及し，1940年代に全盛期を迎えることになる[3]。

　日本では，第二次世界大戦後の1946年ごろから連合国総司令部（GHQ）の指導により始められ，1950〜1952年にかけてデミング博士（W.E.Deming）の３回の来日により，SQC の本格的な発展の基礎が確立する[3]。

　デミングに続いて来日したジュラン博士（J.M.Juran）により，品質管理が単なる製造部門での不良低減の手法ではなく，経営の重要な道具として活用されるべきであることが主張され，日本独自の全社的品質管理（TQC）につながることになる。そして，世界中で取り組まれる TQM（Total Quality Management）へと発展した。

> **演習 1**　デミング賞とは何か調べよ。

2　品質管理の定義

　品質管理については，今までに数多くの定義がなされているが，ここでは，代表的なものを紹介しておく。

　(1)　1950年：デミングの定義

　「統計的品質管理は，最大に有用かつ市場性のある製品を最も経済的に生産するために，生産の全段階に統計的手法を適用することである。

　すなわち，消費者の要求する品質に合致した製品を製造するために計画・設計し（plan），製造し（do），加工された製品が消費者の要求品質に合致しているかどうかチェックし（check），不具合，不合格の原因系を究明し，対策をとり（action），企業体質の向上に結びつけることを意味している。」[4]

　(2)　1954年：ジュランの定義

　「品質管理とは，品質仕様を設定し，これを実現するためのあらゆる手段の全体であり，統計的品質管理とはそれらの方法の中で，統計的手法に基礎づけられた部分をいう。」[5]

(3)　1981年：日本工業規格（JIS Z8101）の定義

「買手の要求に合った品質の品物またはサービスを経済的に作り出すための手段の体系。

品質管理を略して QC ということがある。また，近代的な品質管理は，統計的な手段を採用しているので，特に統計的品質管理といわれることもある。

品質管理を効果的に実施するためには，市場の調査，研究・開発・製品の企画，設計，生産準備，購買・外注，製造，検査，販売およびアフターサービスならびに財務，人事，教育など企業活動の全段階にわたり，経営者を始め管理者，監督者，作業者など企業の全員の参加と協力が必要である。このようにして実施される品質管理を全社的品質管理または総合的品質管理という。」[6]

演習 2　ファイゲンバウム（A.V.Feigenbaum）の品質管理の定義を調べよ。

3　デミングとジュランの品質管理の定義の違いについて述べよ。

ポイント　ジュランの定義が，日本の TQC につながった。

3　品質と管理

ジュランは，品質を，「製品あるいはサービスがそのユーザーの欲求を満足させる度合い—使用適合性（fitness for use）—である」[7]，と定義している。

使用適合性を高めるためには，以下の設計品質と製造品質の両者を確保することが必要である。

(1)　設計品質（quality of design）

設計図，製品仕様書などに定められたとおりに作られた製品の品質で，ねらいの品質ともいう。

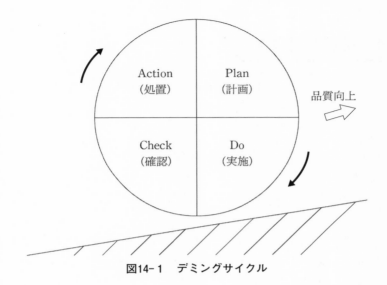

図14-1　デミングサイクル

(2)　製造品質（quality of conformance）

　設計品質を実際に製品として製造する際の品質で，適合の品質，できばえの品質ともいう。

　さて，品質管理における管理とは，デミングの品質管理の定義にもあったplan-do-check-action（PDCA サイクル，デミングサイクル）の各ステップを繰り返し確実に果たすことによって，品質の維持と改善を効率よく実現していくことをいう。

> 演習 **4**　設計品質，製造品質を具体的に例を挙げて説明せよ。
>
> 　ポイント　車には，高級車，大衆車などさまざまな設計品質がある。

4 品質と経済性

　企業にとってコストは重要な問題である。品質管理は，品質が上がれば，コストは下がるという基本思想がある。これは，次のようにして説明することができる。

　不良品は，その品質特性が規格からはずれたものであり，不良品が増すと不良による損失コストが増大する。一方，不良による損失コストを低減させるためには，そのための投資が必要となり，不良を低減すればするほどコストが増大する。ここで，総コストが，不良による損失コスト，不良低減のためのコストおよび不良率に関係しないコストから算出されるとすれば，**図14-2**のような関係で示される。この図で明らかなように，最も経済的な製造品質のレベル，すなわち総コストが最小となる不良率P_0が存在する。

　品質管理は，まず不良率P_0を維持することで，総コストが最小となるよう

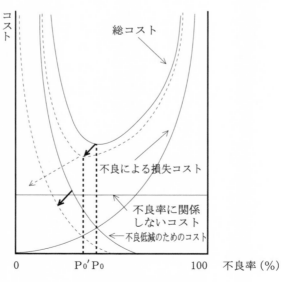

図14-2　品質と経済性

に品質を管理し，品質管理活動によって，品質管理のレベルを向上させ，不良低減のためのコストを図中の破線のように変えていく。したがって，不良率P_0はP_0'となり，最終的には0に近づき，かつ総コストはさらに最小となり，最終的には，不良率に関係しないコストに近づく。

　このように，総コストを最小とすることを目標に，不良率を0に近づけるような品質管理活動を推進することが必要である。

演習 **5**　ファイゲンバウムの品質コストに関する考え方について調べよ。

5　データの要約

　品質管理活動を行う場合には，データを収集する必要がある。しかしながら，収集したデータを眺めているだけでは，その特徴を見いだすことはできない。そこで，データを要約することを試みる。データの要約には，図を用いて要約する場合と量を用いて要約する場合がある（**図14-3**参照）。

図的要約 ┬── 1変数の場合…ヒストグラム等
　　　　　└── 2変数の場合…散布図等

量的要約 ┬── 中心を表す要約値…平均値，中央値等
　　　　　└── ばらつきを表す要約値…平方和，分散，標準偏差，範囲等

図14-3　データの要約

演習 **6**　次のデータの平均値，中央値（メジアン），平方和，分散，標準偏差，範囲を求めよ。
　　5.8　5.7　5.5　5.9　5.3

6　QC 七つ道具

　日本において，品質管理が普及した背景には，誰もが使える改善のための手法をまとめられたことがある。日本に統計的品質管理が入ってきたときに，統計という言葉に誰もが尻込みをしたに違いない。しかしながら，これを QC 七つ道具という誰もが知っているグラフと単純な計算で，問題解決ができる道具としてまとめ上げたのである。ここでは，この QC 七つ道具について説明する[8][9]。

(1)　チェックシート

　チェックシートは，データが簡単にとれ，しかもそのデータが整理しやすいように，また点検・確認項目が漏れなく合理的にチェックできるように，あらかじめ設計してあるシートのことである。

　チェックシートには，不良項目調査用，不良要因調査用，度数分布調査用，欠点位置調査用というデータ採取用に利用されるチェックシートと点検・確認用というチェックシートがある。

(2)　ヒストグラム

　ヒストグラムは，データの存在する範囲をいくつかの区間に分け，各区間に入るデータの出現度数を数えて度数表を作り，これを図にしたものである。

　ヒストグラムによって，分布の形，データの中心，データのばらつきなどを把握することができ，そこから必要なアクションを取ることができる。以下，ヒストグラム作成の手順を述べる。

　手順1）データを集める。

　　　　　　改善や管理のために調査や研究の対象となる工程から，通常50〜200個のデータを採取する。

　手順2）データの最小値と最大値を求める。

採取されたデータの中から最大値（x_{max}）と最小値（x_{min}）を見つける。

手順3）区間の数を求める。

区間の数（k）を求めるためには，通常，次に示す表の値を目安とするか，データの数（n）の平方根（$\sqrt{n}$）に近い整数を用いる。

表14-1　区間の数を決める目安

データ数 n	区間の数 k
50～100	6～10
100～250	7～12
250以上	10～15

手順4）区間の幅を決める。

$$区間の幅 = \frac{最大値 - 最小値}{区間の数}$$

とし，この値（c）を測定単位（測定の最小の刻み）の整数倍になるように丸める。

手順5）区間の境界値を決める。

区間の最初の下側境界値は，

$$最小値 - \frac{測定単位}{2}$$

とし，上側境界値は，この下側境界値に区間の幅（c）を加える。

以下順に，区間の幅を加えて，最大値を含む区間まで繰り返す。

手順6）区間の代表値（中心値）を求める。

$$区間の代表値 = \frac{区間の上側境界値 + 区間の下側境界値}{2}$$

手順7）度数分布表を作成する。

得られたデータを，どの区間に入るか分類して（度数マーク：/, //, ///, ////, ////, …あるいは，正の字を用いる），度数分布表を作

成する。

手順8） ヒストグラムを作成する。

　　　度数分布表から，ヒストグラムを作成する。規格値があれば，規格値を図に記入し，データ数の他，平均値，標準偏差などもわかれば記入しておく。

手順9） 分布の形，位置，ばらつきなどについての情報を読みとる。

演習 **7**　次のデータは，ある工程から1日にランダムに4個ずつ抜き取った製品の寸法を測定したものである（単位 mm）。ヒストグラムを作成し，考察を行え。なお，この製品の指定寸法は78.20mm，社内規格は±0.30mm である。

日付	時間				日付	時間			
	9時	11時	14時	16時		9時	11時	14時	16時
1	77.84	78.04	78.08	77.90	14	78.00	78.36	78.12	78.02
2	78.10	78.28	78.14	78.04	15	78.18	78.16	78.12	78.10
3	78.30	78.20	78.08	78.18	16	78.16	78.12	77.98	78.12
4	78.26	78.20	78.14	78.16	17	78.08	78.00	77.88	78.04
5	78.24	78.14	78.04	78.12	18	77.96	78.00	77.92	78.06
6	78.32	77.96	78.20	77.98	19	78.10	78.48	78.10	78.46
7	78.44	78.12	78.20	78.06	20	78.08	77.98	77.98	78.18
8	78.16	78.06	78.18	78.14	21	78.12	78.22	78.10	78.02
9	78.14	78.00	77.86	78.08	22	77.94	77.96	78.04	78.10
10	78.06	78.16	78.08	78.14	23	78.26	78.28	78.22	78.56
11	78.06	78.18	78.02	78.06	24	78.02	78.16	78.10	78.12
12	78.42	78.38	78.04	78.12	25	78.24	78.08	78.14	78.18
13	78.10	78.14	78.12	78.08					

(3)　パレート図

　不良について，どんな不良が，どんな場所に，あるいはどんな場合にどのくらい発生したかを頻度，件数，量の多い順に示した棒グラフと折れ線グラフをパレート図という。

　イタリアの経済学者パレート（V.Pareto）は，1897年に所得の分布が人によって不均等であることを式で示し，アメリカの経済学者ローレンツ（M.O. Lorenz）は，1907年にこれと同様のことを図解法で表した。そして，アメリカのジュラン博士は，この図解法を応用し，不良項目を不良品数や損失金額の大きさの順で並べ，不良品数や損失金額の大部分はごくわずかの不良項目によって占められることを示した[10]。

　パレート図を用いることにより，効率よく不良低減を行うことができる。すなわち，少なくなった不良の低減は技術的にも困難であり，仮にゼロとなってもそれほどの効果が得られないのに対して，順位の高い不良の低減は予想外に容易であり，その低減効果が大きく，重点的に低減するための不良をつきとめることができる。これをパレートの原則という[11]。

　パレート図の作成手順は次のとおりである。

手順1）分類項目を決め，データを集める。

手順2）データを大きさの順に並べ替える。

手順3）累積数を計算する。

手順4）分類項目ごとに，データの大きさの順に，棒グラフを作成する。

手順5）累積折れ線グラフを作成する。

手順6）取り上げた特性，データ数，データの採取期間，記録者，作成者などの必要事項を記入する。

演習　8　K大学の構内交換電話装置で，内線電話の利用者から「通話中に切れる」，「混線する」などのクレームが発生し，その対策に苦慮していた。そのことを耳にしたTQM研究会のメンバーのA君は，早

速クレーム時の内容を3カ月間，記録集計した。そのときに得られたデータを次に示す。パレート図を作成せよ。

項　　　　目	クレーム件数	累積件数	件数%	累積件数%
通話中切れ	38			
混　　　線	15			
雑　　　音	3			
応答時切れ	2			
不　　　接	2			
話　漏　れ	1			
話中音入る	1			
合　　　計	62		100	

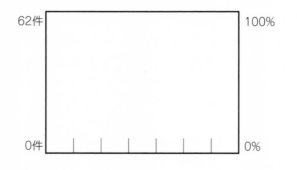

(4)　特性要因図

　問題とする特性と，それに影響を及ぼしていると思われる要因との関連を整理して，魚の骨のような図にまとめたものを特性要因図という。

　特性要因図は，不良やばらつきの低減のための要因探索から，実験などを計画するときの要因の摘出にいたるまで幅広く活用される。また，特性と要因との関係だけでなく，結果と原因，目的と手段などの関係の整理にも有効に使われる。

以下，特性要因図作成の手順を示す。

手順1）対象とする特性を決め，要因として想定されるものを思いつくまま
列挙する。

　　　要因の列挙には，ブレーンストーミングが有効である[12]。ブレー
ンストーミングは，1939年にオズボーン（A.F.Osborn）が提唱した方
法で，①批判厳禁，②自由奔放，③量を求む，④結合改善，の4つの
原則がある。

手順2）列挙された要因から，重複しているもの，明らかに不適当なものを
除き，残った要因を1つずつカードに記入し，要因カードを作成する。

手順3）要因カードをいくつかのグループに一次分類して，そのグループを
代表する要因名を決め，これもカードに記入する。

手順4）対象とする特性を大きな紙の右端に書き，これに向かって左から太
い矢線を引き，その上下に一次分類ごとに要因カードを配置し，さら
に，二次，三次と分類しながら，線で結んで特性要因図を完成させる。

演習 **9**　K先生のK学の講義は，水曜日の1時限目であり，特に後期に
入ってから遅刻をする学生が増えてきて困っている。そこで，K先
生は，遅刻を特性にして特性要因図を作成することにした。この特
性要因図を作成するため，10人程度のグループを作り，グループ内
でブレーンストーミングを行って，授業に遅刻をしないようにする
ための特性要因図を完成させ，K先生を救え。

(5) 層　別

特性要因図に挙げられた要因のうち，どれが真の原因であるのかは，要因に
よってデータを層別して差異があるかどうかで調べることができる。通常，差
異があるかどうかを調べるために，統計的検定を行うが，層別したグラフやヒ

ストグラムからも概略の結論を得ることができる。

　層別は，母集団を何らかの特徴でいくつかの層に分けることをいう。

演習 **10** 統計的検定について調べよ。

---

(6)　散布図

　対になった2つの計量値のデータを二次元平面上にプロットして得られる図を散布図という。散布図上の点の散らばり方によって，相関関係の有無を知ることができる。散布図の手順は，次のとおりである。

　手順1）データを取る。

　　　　　　関係を知りたい2つの変量について，対応のあるデータを取る。

　　　　　　データ数は，50組以上が望ましい。

　手順2）縦軸に特性，横軸に要因として，二次元平面を作る。

　手順3）データをプロットする。

　　　　　　散布図から，①正の相関，②負の相関，③無相関のいずれか読みとる。

演習 **11**　次のxとyのデータから散布図を作成せよ。

No.	x	y	No.	x	y	No.	x	y	No.	x	y
1	10.1	3.02	14	9.9	3.03	27	9.8	3.00	40	10.3	3.02
2	9.5	2.93	15	10.3	2.98	28	10.8	3.07	41	9.9	3.00
3	9.9	2.98	16	10.0	2.97	29	9.9	3.01	42	9.1	2.90
4	9.6	2.97	17	10.0	2.99	30	9.4	2.95	43	10.2	3.00
5	9.6	2.96	18	10.5	3.03	31	10.3	3.04	44	9.6	2.98

6	10.1	3.00	19	10.0	2.98	32	10.4	3.01	45	10.6	3.02
7	10.4	3.04	20	10.6	3.04	33	10.3	3.00	46	10.4	3.03
8	9.4	2.94	21	10.9	3.08	34	9.4	2.92	47	9.9	2.99
9	10.1	3.01	22	9.5	2.96	35	9.8	2.96	48	9.8	2.97
10	10.2	3.03	23	10.2	2.99	36	10.2	3.02	49	10.8	3.05
11	9.7	2.94	24	10.3	3.01	37	9.9	3.01	50	10.0	3.00
12	9.7	2.95	25	10.0	3.01	38	10.3	3.03			
13	9.8	2.98	26	9.4	2.93	39	10.6	3.06			

12 無相関の検定について調べよ。

(7)　グラフ・管理図

　グラフには，棒グラフ，折れ線グラフ，面グラフ，円グラフ，帯グラフ，およびレーダーチャートなどがある。

①　棒グラフ

　　いろいろな量の大きさを，棒の長さを用いて表したもので，数量の大小関係をみるのに有効である。

②　折れ線グラフ

　　時間の変化にともなう数量の変化の状態（データの推移）を図示するときに有効である。

③　面グラフ

　　折れ線の下側を面として強調することにより，データの時間的な変化を図示するときに有効である。

④　円グラフ

　　円全体を100％とみて，各部分の比率を円の扇形の面積で表すことで，全体と部分，部分と部分の割合をみるのに用いる。

⑤　帯グラフ

分類項目の割合が，時間的変化によってどのように変わるのかを見るのに適している。

⑥　レーダーチャート

分類項目の構成比の大きさや，分類項目間のバランスをみたいときに用いる。

また，点の動きが単なるばらつきなのか，異常値なのかを区別するための判定基準を入れた折れ線グラフを管理図といい，現状の維持や工程の管理に用いられる。詳細は，次節で説明する。

演習 13　次の目的別に適したグラフを述べよ。

（目的）

1．数の対象を比較したい

2．時間的な変化を示したい

3．内訳の割合を示したい

4．時間的な変化や層別項目別に内訳の割合を示したい

5．項目間のバランスを見たい

7　管理図

(1)　管理図とは

工程で製造される製品の品質や人の行った仕事の結果の良否を判断するなどの特性値には，必ず，ばらつきが生じる。製品や仕事の品質にばらつきを与える原因は数多く存在するが，これらの原因は，次の2つに分類することができる。

① 偶然原因によるばらつき

　　原材料，作業方法など，関係者が技術的に十分検討したうえで決められた標準どおり作業を行っても，なおかつ生じるやむをえないばらつきのこと。

② 見逃すことのできないばらつき

　　工程に何か異常が起こって，例えば作業標準を守らない，または標準類が不備であるために生じる異常原因によるばらつきのこと。

　　したがって，偶然原因によるばらつきは，これを維持し，見逃すことのできないばらつきがあれば，その異常原因をみつけて除去し，二度と同じ原因によるばらつきが発生しないように的確な処置をとることが必要である。

　管理図は，工程を管理または解析するための道具として，工程の異常を検出することを目的に，1924年シューハートにより考案された。

　管理図には，1本の中心線と，その上下に1対の管理限界線が引かれる。これらを合わせて管理線と呼ぶ。また，管理限界の設定には3シグマ法（Three Sigma Method）を用いる。

(2) 管理図の種類

　管理図の種類を，**表14-2**に示す。計量値の管理図は，組み合わせて用いられる。例えば，データの特性により，$\bar{x} - R$ 管理図，$\tilde{x} - R$ 管理図，$x - \bar{x} - R$ 管理図，$x - R_s$ 管理図として用いる。また，計数値の管理図は，単独で用いられる。

　また，管理図を作成するための管理限界用係数は，**表14-3**を用いる。

表14-2　管理図の種類

計量値の管理図	計数値の管理図
R管理図（範囲の管理図）	p管理図（不良率の管理図）
$\bar{x}$管理図（平均値の管理図）	pn管理図（不良個数の管理図）
$\tilde{x}$管理図（メジアンの管理図）	u管理図（単位当たりの欠点数の管理図）
x管理図（個々のデータの管理図）	c管理図（欠点数の管理図）

出典：安藤貞一・松村嘉高・二見良活『技術者のための統計的品質管理入門』共立出版，1981年，
　　101頁，表7-1。

表14-3　管理限界用係数

群の大きさn	A_2	D_3	D_4	d_2	d_3	m_3A_2
2	1.880	—	3.27	1.128	0.853	1.880
3	1.023	—	2.57	1.693	0.888	1.187
4	0.729	—	2.28	2.059	0.880	0.796
5	0.577	—	2.11	2.326	0.864	0.691
6	0.483	—	2.00	2.534	0.848	0.549
7	0.419	0.076	1.92	2.704	0.833	0.509
8	0.373	0.136	1.86	2.847	0.820	0.432
9	0.337	0.184	1.82	2.970	0.808	0.412
10	0.308	0.223	1.78	3.078	0.797	0.363

(3)　管理図作成の手順

　管理図の種類によって，管理線の引き方は多少異なるが，その描き方，見方
は同じなので，ここで$\bar{x}$-R管理図の手順[13]を述べ，他の種類は，管理線の
みを示す。

①　$\bar{x}$-R管理図

　管理対象の品質特性が計量値の場合に用いられ，主に工程を解析するために
用いられる。

手順1）現在の工程と同じと考えられる工程からデータ（100個以上が望ましい）を集める。

手順2）群内がなるべく均一となるように，同一ロット，同一製造日，同一組などのデータを1つの群として分ける。群の大きさ（n）は2〜10（通常2〜5）を用いる。

手順3）群ごとの平均値$\bar{x}$と範囲Rとを計算する。$\bar{x}$は，測定値より1桁下までを求めておく（2桁下まで計算し，2桁目を丸める）。

手順4）総平均$\bar{\bar{x}}$および範囲Rの平均値$\bar{R}$を計算する。$\bar{\bar{x}}$, $\bar{R}$は測定値より2桁下までを求めておく。

手順5）管理線を計算する。

$\bar{x}$管理図

中心線（Center Line）：$CL = \bar{\bar{x}}$

上部管理限界線（Uper Control Limit）：$UCL = \bar{\bar{x}} + A_2\bar{R}$

下部管理限界線（Lower Control Limit）：$LCL = \bar{\bar{x}} - A_2\bar{R}$

R管理図

中心線：$CL = \bar{R}$

上部管理限界線：$UCL = D_4\bar{R}$

下部管理限界線：$LCL = D_3\bar{R}$　（$n \leq 6$のときは考えない）

手順6）管理線を引く

$\bar{x}$管理図を上に，R管理図を下に並べ，縦軸に$\bar{x}$とRの値の目盛りをとり，横軸に群番号の目盛りをとる。UCLとLCLの間隔は20〜30mmにとる。CLは実線（—），UCLは破線（……），LCLは一点鎖線（—・—）を用いる。

手順7）管理図上に各群の$\bar{x}$とRの値をプロットする。

$\bar{x}$には，「・」，Rには「×」を用いて両者を区別する。横軸の間隔は2〜5mmとする。また，管理限界線を出た点は「○」で囲って区別する。各点は，群番号の順に実線で結ぶ。

手順8）必要事項を記入する。

群の大きさ n や工程名，製品名，管理特性，期間，測定方法，作成者名などを記入する。

演習 **14** 次のデータは，ある工程から1日にランダムに4個ずつ抜き取った製品の寸法を測定したものである（単位 mm）。$\bar{x} - R$ 管理図を作成し，考察を行え。なお，この製品の指定寸法は78.20mm，社内規格は±0.30mm である。

日付	時間				日付	時間			
	9時	11時	14時	16時		9時	11時	14時	16時
1	77.84	78.04	78.08	77.90	14	78.00	78.36	78.12	78.02
2	78.10	78.28	78.14	78.04	15	78.18	78.16	78.12	78.10
3	78.30	78.20	78.08	78.18	16	78.16	78.12	77.98	78.12
4	78.26	78.20	78.14	78.16	17	78.08	78.00	77.88	78.04
5	78.24	78.14	78.04	78.12	18	77.96	78.00	77.92	78.06
6	78.32	77.96	78.20	77.98	19	78.10	78.48	78.10	78.46
7	78.44	78.12	78.20	78.06	20	78.08	77.98	77.98	78.18
8	78.16	78.06	78.18	78.14	21	78.12	78.22	78.10	78.02
9	78.14	78.00	77.86	78.08	22	77.94	77.96	78.04	78.10
10	78.06	78.16	78.08	78.14	23	78.26	78.28	78.22	78.56
11	78.06	78.18	78.02	78.06	24	78.02	78.16	78.10	78.12
12	78.42	78.38	78.04	78.12	25	78.24	78.08	78.14	78.18
13	78.10	78.14	78.12	78.08					

② $\tilde{x} - R$ 管理図

$\tilde{x}$ は，$\bar{x}$ のように計算する必要がほとんどないので，現場で用いるのに便利

である。主に管理用として用いられる。

$\tilde{\mathrm{x}}$ 管理図の管理線

$$\mathrm{CL} = \bar{\bar{x}}$$
$$\mathrm{UCL} = \bar{\bar{x}} + \mathrm{m}_3 \mathrm{A}_2 \bar{\mathrm{R}}$$
$$\mathrm{LCL} = \bar{\bar{x}} - \mathrm{m}_3 \mathrm{A}_2 \bar{\mathrm{R}}$$

③　x 管理図

（ⅰ）　データを群分けして管理限界線を求める方法：$x - \bar{x} - \mathrm{R}$ 管理図

$$\mathrm{CL} = \bar{\bar{x}}$$
$$\mathrm{UCL} = \bar{\bar{x}} + \mathrm{E}_2 \bar{\mathrm{R}}$$
$$\mathrm{LCL} = \bar{\bar{x}} - \mathrm{E}_2 \bar{\mathrm{R}}$$

（ⅱ）　移動範囲から管理限界線を求める方法：$x - \mathrm{R}_\mathrm{S}$ 管理図

まず，データを時間の順に並べ，移動範囲 R_S を求める（一般に n = 2 の移動範囲を求める）。

$$\mathrm{R}_{\mathrm{S}i} = |x_i - x_{i+1}| \quad |（第 i 番目のデータ）-（第 i + 1 番目のデータ）|$$

次に，管理線を次のように計算する。

x 管理図

$$\mathrm{CL} = \bar{x}$$
$$\mathrm{UCL} = \bar{x} + \mathrm{E}_2 \bar{\mathrm{R}}_\mathrm{S} \quad (\mathrm{E}_2 = 2.659)$$
$$\mathrm{LCL} = \bar{x} - \mathrm{E}_2 \bar{\mathrm{R}}_\mathrm{S} \quad (\mathrm{E}_2 = 2.659)$$

R_S 管理図

$$\mathrm{CL} = \bar{\mathrm{R}}_\mathrm{S}$$
$$\mathrm{UCL} = \mathrm{D}_4 \bar{\mathrm{R}}_\mathrm{S} \quad (\mathrm{D}_4 = 3.27)$$
$$\mathrm{LCL} = \mathrm{D}_3 \bar{\mathrm{R}}_\mathrm{S} \quad （考えない）$$

④　p 管理図

不良率 p を管理特性として用いる管理図であり，群の大きさ n が一定で

なくても使用できる。不良率に限らず二項分布型の分布に従う計数値に適用できる。

$$不良率（p）＝\frac{不良個数（pn）}{検査個数（n）}$$

$$CL = \bar{p}$$

$$UCL = \bar{p} + 3\sqrt{\frac{\bar{p}(1-\bar{p})}{n_i}}$$

$$LCL = \bar{p} - 3\sqrt{\frac{\bar{p}(1-\bar{p})}{n_i}}$$

　　　　　　（LCL がマイナスになった場合は，「考えない」）

⑤　pn 管理図

　不良個数そのものをプロットする管理図であり，群の大きさ n が一定の場合に用いる。

$$CL = \bar{pn}$$

$$UCL = \bar{pn} + 3\sqrt{\bar{pn}(1-\bar{p})}$$

$$LCL = \bar{pn} - 3\sqrt{\bar{pn}(1-\bar{p})}$$

演習 15 次のデータから pn 管理図を作成し，考察を行え。

群番号	群の大きさ n	不良件数（pn）		群番号	群の大きさ n	不良件数（pn）	
		南支店	北支店			南支店	北支店
1	200	11	2	16	200	14	5
2	200	9	5	17	200	8	5
3	200	7	6	18	200	9	6
4	200	12	1	19	200	8	5
5	200	8	2	20	200	3	2
6	200	9	7	21	200	6	4
7	200	6	8	22	200	5	3

8	200	15	0	23	200	26	2
9	200	6	3	24	200	3	5
10	200	11	5	25	200	8	4
11	200	21	5	26	200	9	5
12	200	13	3	27	200	7	8
13	200	24	4	28	200	20	2
14	200	8	7	29	200	6	6
15	200	3	7	30	200	8	2
				合計	6,000	303	129

⑥　u管理図

　キズ，織りムラなどの製品に現れる欠点数を管理特性とする場合に用いられる。この管理図は，電線の長さ，織物の面積などが試料ごとに異なるとき，すなわち群の大きさnが一定でないときに用いられる。

$$単位当たり欠点数（u）＝\frac{欠点数（c）}{単位の数（n）}$$

$$CL = \bar{u}$$

$$UCL = \bar{u} + 3\sqrt{\frac{\bar{u}}{n_i}}$$

$$LCL = \bar{u} - 3\sqrt{\frac{\bar{u}}{n_i}}$$

⑦　c管理図

　u管理図と同様，欠点数を特性値とする管理図であり，群の大きさnが一定のときに用いられる。

$$CL = \bar{c}$$

$$UCL = \bar{c} + 3\sqrt{\bar{c}}$$

$$LCL = \bar{c} - 3\sqrt{\bar{c}}$$

(4) 管理図の見方

管理図は，工程が管理状態にあるか否かを判断するのに用いられる。したがって，異常が発見された場合には，ただちにその原因を調査し，対策をとることが必要である。

(a) 管理状態の判定

管理状態とは，「工程から得られる管理特性のデータがすべて同一母集団からのランダムサンプルと見なし得る状態」[14]として定義することができる。具体的には，

① 点が管理限界線外に出ていないこと。

② 点の並び方，散らばり方にクセがないこと。

の2点を満足している場合，工程は管理状態と見なされる。

(b) 管理状態の異常

① 管理限界外

② 連続7点以上が中心線よりも一方の側に現れる。

③ 連続11点中10点以上，連続14点中12点以上，連続17点中14点以上，連続20点中16点以上が中心線よりも一方の片側に現れる。

④ 管理限界線の近く，すなわち，中心線から管理限界線までの距離の3分の2を超えるものが，連続3点中2点現れる。

⑤ その他，周期や上昇，下降傾向など，点の並び方に特に顕著なクセのあるとき。

8 検 査

(1) 検査の定義

検査とは，「品物を何らかの方法で試験した結果を，品質判定基準と比較して，個々の品物の良品・不良品の判定を下し，またはロット判定基準と比較して，ロットの合格・不合格の判定を下すこと。」[15]である。

(2)　検査の分類

全数検査……保証すべき単位の全数を検査すること。

抜取検査……一定のサンプルだけを抜き取って検査すること。

無試験検査……検査しなくても，よい物であることが十分に保証できる根拠
のある場合の検査のこと。

演習 **16** 次の語句を説明せよ。

①　100％検査

②　200％検査

③　無検査

---

(3)　抜取検査

サンプルの特性値には，ばらつきがあるため，それをもとにロットの合否を
判定すると，同一品質のロットであっても，合格になったり不合格となったり
する。そのため，ロットの品質に対して，ロットの合格確率を求め，それを基
にして，OC曲線（Operating Characteristic Carve）を描く。この曲線が描けれ
ば，どのくらいの品質のロットが，どのくらいの確率で合格となるかがわかる。

具体的には，サンプル中の不良品数（ r ）を数え，それが合格判定個数
（ c ）以下のときに合格，合格判定個数を超えた場合（ c +1以上）に不合格と
するようなOC曲線を作成する。

演習 **17** サンプル数（ n ）を50個として，合格判定個数（ c ）を３個と
した場合のOC曲線を描け。なお，このときの合格確率（L(p)）
は，次の表のとおりである。

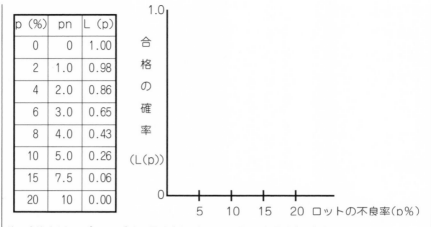

p (%)	pn	L (p)
0	0	1.00
2	1.0	0.98
4	2.0	0.86
6	3.0	0.65
8	4.0	0.43
10	5.0	0.26
15	7.5	0.06
20	10	0.00

注：合格確率は，ポアソン分布の累積確率を基にして描かれた累積確率曲線から得られる。

　OC曲線上の2点を規定することにより，生産者と消費者の両者に対して，品質保証上の取り決めを行うことができる。したがって，不良率 p_0（またはロット平均 m_0）の良いロットが誤って不合格となる確率を一定の小さな値 α（約5％）とし，不良率 p_1（またはロット平均 m_1）の悪いロットが誤って合格となる確率を β（約10％）とする抜取検査方式が採用される。以下，この抜取検査方式について説明する。

① 計数基準型抜取検査[16]

　製品が良品・不良品と分類される場合には，サンプル中の不良品の数の分布は，二項分布に従うので，合格としたい良いロット（不良率 p_0 以下）が，誤って不合格となる確率（生産者危険）を α 程度とするために，

$$\sum_{x=c+1}^{n}\binom{n}{x}p_0^{x}(1-p_0)^{n-x} \fallingdotseq \alpha \tag{14.1}$$

とし，不合格としたい悪いロット（不良率 p_1 以上）が，誤って合格となる確率（消費者危険）を β 程度とするために，

$$\sum_{x=0}^{c}\binom{n}{x}p_1^{x}(1-p_1)^{n-x}\fallingdotseq\beta \tag{14.2}$$

を満たすサンプルの大きさ n と，合格判定個数 c を決め，サンプル中の不良品が，c 個以下の場合に合格とし，c を超えた場合に不合格とすればよい（**図14-4** 参照）。

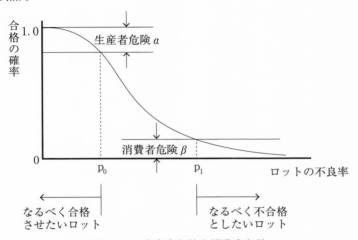

図14-4 生産者危険と消費者危険

② 計量基準型抜取検査[17]

値が小さいほど良い品質であり，ロット平均が m_0 以下のロットは，なるべく合格とし，m_1 以上のロットは，なるべく不合格としたい場合を考える。これを抜取検査で保証するためには，大きさ n のサンプルをとり，その平均値 $\bar{x}$ が合格判定値 $\overline{X}u$ 以下の場合だけロットを合格とすればよい。

大きさ n のサンプルの平均値 $\bar{x}$ が $\overline{X}u$ より大きくなる確率は，

$$K_\varepsilon=\frac{\overline{X}u-m}{\dfrac{\sigma}{\sqrt{n}}} \tag{14.3}$$

と標準化すれば，正規分布表より得られる。

平均 m_0 のロットが不合格となる確率を a（5 ％）とし，

$$K_\varepsilon = \frac{\overline{X}u - m_0}{\dfrac{\sigma}{\sqrt{n}}} \tag{14.4}$$

同様に，平均 m_1 のロットが合格となる確率を β （10%）とすると，

$$K_\varepsilon = \frac{\overline{X}u - m_1}{\dfrac{\sigma}{\sqrt{n}}} \tag{14.5}$$

であるので，これらより，

$$n = \left(\frac{K_a + K_\beta}{m_1 - m_0}\sigma\right)^2 \tag{14.6}$$

$$\overline{X}u = \frac{m_1 K_a + m_0 K_\beta}{K_a + K_\beta} \tag{14.7}$$

となる，サンプルの大きさ n と合格判定値 $\overline{X}u$ を用いればよい（**図14-5**参照）。

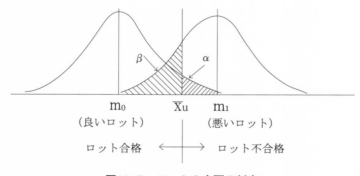

図14-5 ロットの合否の判定

演習 **18** 選別型抜取検査について調べよ。

19 調整型抜取検査について調べよ。

9　全社的品質管理

(1)　QC サークル活動

　QC サークル活動は，同じ職場内で品質管理活動を自主的に行う小グループである。この小グループは，全社的品質管理活動の一環として，自己啓発，相互啓発を行い，QC 手法を活用して，職場の管理，改善を継続的に全員参加で行う[18]。

　QC サークルの基本理念は，全社的品質管理活動の一環としての理解のもとに，

　① 企業の体質改善に寄与する。

　② 人間性を尊重して生き甲斐のある明るい職場を作る。

　③ 人間の能力を発揮し，無限の可能性を引き出す。

である[19]。

(2)　TQC

　社長から作業員に至るまで全員参加の品質管理で，研究，開発，設計，生産技術，製造，購買，営業，経理，人事，総務など全部門参加の品質管理である。TQC を導入するためには，

　① トップの理解を得る

　② QC スタッフの現場への浸透させる

　③ QC サークルに頼りすぎない

　④ マクロの QC を目指す

　⑤ TQC は，身近なものであると自覚させる

ことが重要である[20]。

　また，TQC を進めていくためには，

　① 新製品開発がタイムリーに行える

　② 品質保証体制が確立している

③　営業活動が自信を持って行える

④　QC サークル活動が活発に行える

ことが必要である[21]。

(3)　日本の QC の特徴

以下に，日本の QC の特徴をまとめておく[22]。

①　全社的品質管理

②　品質管理のための教育訓練

③　QC 監査

④　統計的手法の活用

⑤　QC サークル

⑥　全国的 QC 活動推進

> 演習 **20** シックスシグマとは何か。

10　TQM

　第二次世界大戦直後の日本は，敗戦によって，それまでに培ってきた技術や生産力を放棄せざるを得なかった。その結果日本の生産力は低迷し，粗悪品や不良品が多く出回った。しかしながら，1950年に，デミング博士の来日をきっかけに，日本は再生することになった。デミングは，「市場の長期的な利益のためには，品質の高い製品が必要である」と強調し，そのための手法として，統計的品質管理の重要性を主張した。そして，日本の技術者や経営者は，この品質管理をさらに次の段階へと飛躍させ，全社的品質管理（Total Quality Control）として開花させた。"Japan as Number One"[23]は，このような日本製の品質に対して，世界が注目した結果生まれた言葉であり，"Made in Japan" としてのブランドが確立していった。

　日本の TQC は，全社員が一丸となって品質管理活動に取り組むことで，"Made in Japan" の圧倒的な国際競争力を生み出した。しかし1990年代に入り，顧客ニーズが多様化し，製品ライフサイクルが短くなるにつれ，TQC の問題点も明らかになってきた。それは，TQC が，現場の品質管理活動に主眼を置きすぎていたということである。その結果日本が，1990年代の10年間にわたる不景気の際には，TQC に対する批判が高まった。一方，アメリカでは，"Japan as Number One" の出版（1978年）以降，日本の経営手法や日本製の品質に関する調査や研究が行われていた。彼らは，1980年に放映されたアメリカ NBC 局の特別番組のタイトル "If Japan Can..., Why Can't We ?" を１つの合い言葉として，日本方式を多く取り入れながらもアメリカ流に使いやすく作り変えた新しい経営手法を生み出していった。

　その中の１つに，経営品質に対する取り組みがある。そして，総合的品質マネジメント（Total Quality Management；TQM）を生み出した。TQM では，経営戦略として，顧客満足度向上，品質向上を目的として，トップダウンで行うマネジメント手法を採用し，その結果経営品質の向上を達成させる。すなわち，企業全体でマクロな視点から品質管理活動を徹底させるというマネジメントに主眼が置かれている。

　このように，アメリカからの理論として，品質管理が日本に入ってきたが，この品質管理は日本的経営の中で開花し，TQC が生まれた。そして日本の TQC はアメリカにおいて，アメリカ流に進歩した TQM となった。このアメリカの TQM は，日本の企業に広まり，まるで，アメリカと日本の間で，理論のキャッチボールを行っているように品質管理が進歩している。

《引用・参考文献》
〔１〕　森俊治編著『現代工業経営学』有信堂，1982年，40頁。
〔２〕　谷津進・宮川雅巳『品質管理（経営工学ライブラリー６）』，朝倉書店，1988年，２頁。

〔3〕　谷津進・宮川雅巳，前掲書，3頁。

〔4〕　W.E.Deming, 1950.

〔5〕　J.M.Juran, 1954.

〔6〕　JIS Z 8101, 1981.

〔7〕　J.M.Juran, 1954.

〔8〕　谷津進，宮川雅巳，前掲書，9-13頁。

〔9〕　細谷克也『やさしい QC 手法演習　QC 七つ道具』日科技連，1982年。

〔10〕　細谷克也，前掲書，2-3頁。

〔11〕　谷津進・宮川雅巳，前掲書，11頁。

〔12〕　細谷克也，前掲書，32頁。

〔13〕　細谷克也，前掲書，161-168頁。

〔14〕　JIS Z 8101, 1981.

〔15〕　JIS Z 9001, 1980.

〔16〕　JIS Z 9002, 1956.

〔17〕　JIS Z 9003, 1979.

〔18〕　朝香鐵一編著『品質管理』［改訂版］（経営工学シリーズ15），日本規格協会，1988年，145-146頁。

〔19〕　朝香鐵一編著，前掲書，242-243頁。

〔20〕　朝香鐵一編著，前掲書，213頁。

〔21〕　朝香鐵一編著，前掲書，241頁。

〔22〕　朝香鐵一編著，前掲書，241-244頁。

〔23〕　エズラ F. ヴォーゲル（広中和歌子，木本彰子 訳）『ジャパン アズ ナンバーワン：アメリカへの教訓』TBS ブリタニカ，1979年。

第15章

人的資源管理

1　人事管理と労務管理

　人事管理と労務管理とは，狭義には区別するが，広義には同じである。広義の解釈では，従業員の採用から労働力を発揮し退職するまでの従業員管理にまつわる個人・集団のすべての問題を包括している。また，狭義の解釈では，人事管理は，広義の内容から労使関係管理に関係する分野を除去したものをいい，労務管理は，組織化された従業員集団との労働条件をめぐる利害関係の調整など，労使関係管理を中心とした内容であることが多い[1]。

　そこで，これらの混乱を避けるために，広義に解釈するときには，人事・労務管理と呼称する傾向がある。最近では，人という資源は，モノや金や情報という資源にはない，他の資源を動かす原動力になっていること，人は育てることができる資源であること，人は感情や思考力を有していることなどから，生産管理や財務管理，情報管理とは異なり，人を戦略的な資源として考える人的資源管理（Human Resource Management）と呼ぶことが多い。

　人事・労務管理が扱う範囲は，人事・労務政策，職務分析と人事考課，雇用管理，労働条件管理，労働意欲管理（モチベーション（Motivation）管理），賃金管理，労使関係管理，人事・労務監査などである。

　職務分析（Job Analysis）とは，「従業員の担当している個々の職務の内容を分析し，その職務の本来持っている性格や，組織内の職務間の相互の関連や特

性をはっきりさせ，担当作業者が職務遂行上の必要とする諸条件を決めること」[2]となっている。

人事考課（Merit Rating）とは，勤務評価ともいわれ，従業員の勤務成績や能力，人物などを公平に評価することである。その方法としては，①順位法，②人物比較法，③評定尺度法，④照合法，⑤自己申告制などがある[3]。いずれの方法も長所・短所があり，公平にかつ的確に評価するように努めなければならない。

雇用管理（Employment Management）とは，採用，適材配置，異動，休職，退職などの各管理である。欧米では，職務ないし職種を媒介とした役割的関係で「手」を雇用するのに対して，日本では後に述べる終身雇用制を採用しているため，個別企業の一員として適する可能性のある全人格的な「人」を雇用する[4]。そのため，採用試験などでは，適性検査が実施されている。

賃金管理（Wage and Salary Administration）は，賃金についての管理であるが，賃金は，①企業の支払能力，②従業員の生計費額，③労働力の需給関係による世間相場，④労使の交渉力によって決定され，その目的は，①労働力の確保と維持，②労働力の質の向上（能力の開発），③企業内における物質的処遇の公正，④労働意欲への刺激，⑤人間関係の円滑化，⑥企業内労使関係の安定化である[5]。このため，賃金計画を立て，賃金額管理や賃金制度管理などが必要となる。

なお，労働時間，作業環境，福利厚生などは，労働条件管理で，人間関係，職務設計，小集団活動などは，労働意欲管理で，労使協議制度，団体交渉制度，成果配分制度などは労使関係管理で扱う[6]。

次節以降では，まず日本の人事・労務管理の特徴について述べ，次に，経営革新による日本の制度の改革，最後に，人事・労務管理と人的資源管理の相違について述べる。

演習 1 職務評価（Job Evaluation）について調べよ。

2　日本の人事・労務管理の特徴

　日本の人事・労務管理の特徴は，終身雇用制，年功序列制，ボトムアップ型意思決定，小集団活動などである。これらの日本的な人事・労務管理の方式は，従業員の帰属意識や勤労意欲を高める効果があり，現在までの日本経済の発展に大きく貢献した。しかし，技術革新，国際化，高齢化，高学歴化などによる急激な経営環境の変化は，これまでの日本的人事・労務管理に大きな影響を及ぼしている。

(1)　終身雇用制と年功序列制

　終身雇用制は，雇用されている従業員に対して，特別な理由がない限り定年までの終身の雇用を保証する制度である。終身雇用制は，欧米の企業には取り入れられていない。欧米企業では，レイオフ制度という，企業業績が悪いときには新しく雇用した従業員から順番に解雇することを認める雇用制度が，通常の雇用方式となっている[7]。

　年功序列制は，実力よりも経験や勤続年数を基盤にして昇進，登用，賃金などの処遇を行う制度である。

　終身雇用制と年功序列制は，日本的な人事・労務管理の特色になっているが，最近の急激な経営環境の変化から，徐々に解消されてきている。

演習 **2**　終身雇用制度の利点と欠点を述べよ。

　　　 3　年功序列制度の利点と欠点を述べよ。

(2) 日本的意思決定方式

欧米の企業では，職制上の職務権限が明確であり，その職務権限を持つ経営者，管理者によって総合的な立場から意思決定が行われ，その決定内容が部下に業務命令として伝達される。意思決定の場のトップである経営者，管理者は少数のスタッフの意見は聞くが，部下の意向を考慮したり意見を聞くことはない。いわゆるトップダウン型の意思決定方式であり，意思決定が迅速に行われ，効率が高いが，トップの責任は重大である[8]。

これに対して，日本の企業では，実務に精通している部下が具体的な方策を立案し，順次上司である経営者，管理者の承認を得て行う稟議制度により意思決定を行うことが多い。ボトム（下部）からの意見をトップ（上部）に反映させる意思決定方式であるためボトムアップ型の意思決定方式といわれる[8]。

しかしながら，IT 革命による構造改革により，迅速かつ効率的な意思決定が必要となり，新たな意思決定方式へと変化してきている。

演習 4 ボトムアップ型意思決定の利点と欠点を述べよ。

---

(3) 小集団活動

日本独自の小集団活動は，QC サークル活動が発端となっており，従業員が10人以下の単位でグループを編成し，自主的に作業改善活動や品質管理活動などを行っている[9]。その後，QC サークル活動の他に，ZD（Zero Defects）活動，自主管理活動（JK 活動），社会開発活動（CD 活動）などの名称で実施されている。

日本の小集団活動は，職務再設計に基づいておらず，職務はそのままで，そこに発生する問題を小集団活動で解決するもので，作業システムを根底から変化させるものではない。活動を通じて，①社員一人ひとりが能力を高める創造性を発揮して自己実現をはかる，②互いに人間性を尊重し活力のある明るい職

場をつくる，③活動を通じて企業の発展に寄与し社会に貢献する，ことを理念
としている。したがって，作業システムにおいて職務遂行行動，小集団活動に
おいて問題解決行動という両輪方式が，日本の小集団活動の特徴といえる。

演習 **5**　人間関係研究による人事・労務管理と行動科学による人事・労務
　　　　管理について調べよ。

　　　6　人間工学[10]を人事・労務管理の観点から調べよ。

3　経営革新による日本の制度の改革

(1)　裁量労働制

　経営環境の変化が，人事・労務管理に影響を及ぼした例として，裁量労働制
の拡大を挙げることができる。2000年4月の労働基準法の改正で，これまで専
門性の高い仕事に限られていた裁量労働制（1987年導入）が，ホワイトカラー
の仕事にまで広げることができるようになった。裁量労働制とは，仕事の性格
上，仕事のやり方や時間配分を働く本人の裁量に委ねる制度のことである。こ
の改正によって，従来の研究開発，情報処理システムの設計，取材編集，デザ
イナー，放送・映画プロデューサー・ディレクター，公認会計士，一級建築士，
不動産鑑定士，弁護士，弁理士，コピーライターの11の業務に加えて，本社な
どでの企画・立案・調査・分析のうち裁量性の高いホワイトカラーの仕事にま
で広がった。これを企画業務型裁量労働制と呼び，従来からある業種を専門業
務型裁量労働制と呼ぶ。

　企画業務型裁量労働制の導入にあたっては，労使の代表で作る労働委員会を
事業所ごとに新たに設けて対象業務や健康確保のための措置を決め，労働基準
監督署に届け出ることを義務づけている。

> **演習 7** フレックスタイム制（Flexible Working Time System）と裁量
> 労働制の違いを述べよ。
>
> **ポイント** フレックスタイム制は「時間」を裁量労働制は「仕事
> の成果」を物差しにする。

(2) 賃金体系

　日本の賃金制度は，学歴，年齢，勤続年数などの年功給体系が中心であるが，賃金体系には，この他に職務給体系や職能給体系がある。職務給は，職務分析をもとにした職務評価をし，各職務の相対的価値の上下に対応して決定される。また職能給は，職務遂行能力の程度に対応して決定される[11]。

　最近では，このような職能給体系や職務給体系を採用する企業が増えてきている。例えば，職能給制度を用いている企業においては，同一職能等級であれば，担当している職務や職階にかかわらず，職能給は同一水準となる。したがって，同一職能等級の管理職と専門職は同一水準の職能給が支給される。このため，企業の方針で組織の再編成が行われ，管理職を離れた従業員も，専門職として働き，賃金水準が下がらず，従業員の不満を少なくすることができる。また，賃金が直接的に職務と連動しないので，従業員の水平的な異動がしやすく，従業員のキャリアの幅を広げやすい。金銭的にも職務能力の向上に従業員を動機づけることが可能である[12]。

　また，日本型年俸制（従来型の日本の賃金制度との連続性が強い年俸制）の動きも見られ，今後は，これまでとは異なる新たな賃金体系に改革されていくものと考えられる。

4　人的資源管理

　表15-1は，人事労務管理と人的資源管理の相違を，思想・前提，戦略的側

面，ライン管理，主要な管理手法の次元ごとにまとめたものである[13]。

表15-1　人事労務管理と人的資源管理の相違

次　元	人事労務管理	人的資源管理
思想・前提		
契約関係	明記された契約内容の正確な履行	「契約を超える」ことが目標（心理的契約）
規則	明確な規則とその遵守が重要	「規則」を超えて「できそうなこと」を探求
管理者活動への指針	手続き体系性の統制	「ビジネス・ニーズ」や柔軟性へのコミットメント
行動の枠組み	規範・慣習と実践	価値観・使命
労働者に対する管理業務	監視	育成
コンフリクト	制度化	強調されず
標準化	高い（「全員が同一」が目指される）	低い（「全員が同一」は不適切，個々人によって異なると考えられる）
戦略的側面		
鍵となる関係	労働者—経営者	企業—顧客
イニシアティブ	断片的	統合化
事業計画との整合	小さい	大きい
意思決定の速さ	遅い	遅い
ライン管理		
管理の役割	業務処理が中心	常に変革・革新を目指す
主要な管理者	人事労務・労使関係の専門家	経営トップ，部門長，ラインの各管理者
求められる管理技能	交渉	支援
主要な管理手法		
選抜	企業の全体目標から分離されて行われ，重要度が低い	企業の全体目標と統合されて行われ，重要度が高い
報酬	職務評価：多数の固定的なグレード	パフォーマンスと連動：グレード固定はほとんどなし
組織的状況	労使対立を前提とした交渉	労使協調を前提とした調和
コミュニケーション	限定的な流れ・間接的	増大した流れ・直接的
職務設計	分業	チームワーク
人員の訓練・育成	最小限の教育訓練投資，学習機会はなし	大きな教育訓練投資，「学習する組織」

出典：上林憲雄「人的資源管理論」日本労働研究雑誌（No.621）（2012）40頁より引用

人的資源管理の特徴は，次の5つにまとめることができる[13]。

① 全社的な経営戦略との結びつきが強い。

② 能動的・主体的な戦略的管理活動の中心に位置づけられる。

③ 心理的な契約が重視される。

④ 従業員の職場における学習が重視される。

⑤ 従業員を集団的に取り扱うのではなく，個々人の動機づけを考慮しながら組織目的の達成が志向される。

演習 **8**　ジョブ型雇用（Job-Based Employment）システムのメリット・デメリットについて述べよ。

《引用・参考文献》

〔1〕　日本経営工学会編『経営工学便覧』丸善，1975年，625頁。

〔2〕　日本経営工学会編，前掲書，632頁。

〔3〕　日本経営工学会編，前掲書，642-648頁。

〔4〕　浅居喜代治編著『現代経営工学概論』オーム社，1983年，190-191頁。

〔5〕　浅居喜代治編著，前掲書，196-197頁。

〔6〕　工藤市兵衛編著『経営情報教科書』同友館，1988年，35頁。

〔7〕　秋庭雅夫・石渡徳彌・佐久間章行・山本正明『経営工学概論（経営工学ライブラリー1）』，朝倉書店，1988年，112-113頁。

〔8〕　秋庭雅夫・石渡徳彌・佐久間章行・山本正明，前掲書，113頁。

〔9〕　秋庭雅夫・石渡徳彌・佐久間章行・山本正明，前掲書，113-114頁。

〔10〕　浅居喜代治編著『現代人間工学概論』オーム社，1980年。

〔11〕　浅居喜代治編著，前掲書，196-197頁。

〔12〕　竹内一夫「大競争時代における人事賃金制度の新パラダイム」東京経済大学学会誌，202号，1997年，29-48頁。

〔13〕　上林憲雄「人的資源管理論」『日本労働研究雑誌』No.621，2012年，40頁。

第16章

財 務 管 理

1　財務管理と会計制度

　企業は，外部から資本を調達し，これを運用して生産やサービスなどを提供している。資本の調達と運用を財務といい，これを合理的かつ科学的に管理する活動を財務管理（Financial Management）と呼ぶ[1]。

　企業における会計制度は，企業活動に伴って生じる支出と収入によって，企業資本が変動することから，この記録・測定・計算・報告を行うためのものである。そして，これは，外部報告会計と内部報告会計に大別される[2]。

　外部報告のための会計は，経営状態を企業の利害関係者（株主，一般投資家，税務当局，金融機関，監督官庁など）に，報告するためのものであり，金融商品取引法や会社法により報告が義務づけられている。これは，財務会計（Financial Accounting）と呼ばれる[2]。なお，金融商品取引法による財務諸表には，貸借対照表（B/S），損益計算書（P/L），株主資本等変動計算書，キャッシュフロー計算書（C/F）などがある。

　また，内部報告のための会計は，経営者や管理者自身が必要とする情報を提供するものであり，管理会計（Managerial Accounting）と呼ばれる[2]。管理会計には，財務会計のように過去の経営状態の実績表示だけでなく，経営成績を分析したり，未来の経営状態を予測することが含まれている。

> 演習 **1**　普通記帳法について調べよ。
>
> 　**ポイント**　商業簿記のこと。
>
> **2**　原価計算記帳法について調べよ。
>
> 　**ポイント**　工業簿記のこと。原価計算を伴う。

2　原価計算

　1920年前後にテイラーを中心として展開された科学的管理法の影響の下に，エンジニア達と会計担当者達との協力の結果として，標準原価による原価計算が確立した[3]。その後，現在では次のような原価計算法（Cost Accounting）を行うようになった。

　財務会計としての原価計算法は，大別して，ある1製品の生産にあたってその完成に至るまでの原価を計算しようとする個別原価計算と一定期間内における総合的な原価を把握しようとする総合原価計算とに分けられる。後者は，製品品種の量，生産工程の数，材料費の有無などにより計算方法が若干異なっている[4]。

　財務会計上の原価計算では，実績原価を求めるための実際原価計算と全部の原価を求めようとする全部原価計算が適用される。

　また，管理会計上の原価計算では，実績ではなく，標準となる原価を求めようとする標準原価計算や変動費だけを原価として追求していこうとする直接原価計算などが活用される。

　実際原価計算と標準原価計算との結果を比較し，その差異を求めることにより，原価の適正化を追求することが可能となる。これを原価差異分析（Cost Variance Analysis）と呼ぶ[5]。

演習 **3** ある製品の直接材料の標準価格@￥100,標準消費量20kg,実際の価格@￥95,実際消費量22kgであったとき,直接材料費の差異分析を行え。

ただし,価格差異＝（標準価格－実際価格）×実際消費量

数量差異＝（標準消費量－実際消費量）×標準価格

である。

3　財務分析と経営分析

　財務会計において作成された財務諸表の各勘定科目を中心に,その比率などを求めて経営状態の分析を試みようとすることを財務分析（Financial Analysis）と呼ぶ[6]。

　また,管理会計として,経営状態の分析をもう少し広い立場から試みることを経営分析（Business Analysis）と呼ぶ[6]。

演習 **4** 経営分析の方法としての実数法と比率法について調べよ。

　　ポイント　実数法には,控除法,切下法,増減法がある。一方,比率法には,構成比率法,指数分析法,関係比率法などがある。

4　経済性分析

　会計は,一定期間の利益を事後的に計算し,経営業績に関心を持つ人々に示すことを目的にしている。経済性分析[7],[8]は,経営の計画や改善のための方策を実施することによって得られる将来の利益の増分を比較計算して,経営

管理者の意思決定を助けることを目的としている[9]。

(1)　現価・終価・年価

　企業が長期的な視野で計画を立てる場合は，種々のタイプの投資を伴うのが普通である。投資の効果は，長期間に及ぶから，その経済性を分析するためには，資金の時間的価値を適切に判断することが重要である。すなわち，一般的に，投資時点で収益が回収されてしまうことは考えられないので，支出と収益の発生時点の相違によって，経済価値が変化すると考えるのである。そこで，現在の経済価値を示すものとして現価（Pとする），投資の効果が及ぶ最終時点の経済価値を終価（Sとする），現価に対してある期間中の連続的な経済価値を年価（Mとする）として取り扱う。

(2)　現価・終価・年価の変換

①　現価係数と終価係数

　現価Pをn年後の終価Sに換算するためには，年間の利率をiとして，

$$S = P \times (1 + i)^n \qquad (16.1)$$

とすればよい。この式の$(1 + i)^n$の部分を終価係数と呼び，$[P \rightarrow S]_n^i$で表す。

　また，n年後の資金Sを現在の価値Pに換算するには（上式の逆数より），

$$P = S \times \frac{1}{(1 + i)^n} \qquad (16.2)$$

とすればよい。この式の$1/(1 + i)^n$の部分を現価係数と呼び，$[P \rightarrow S]_n^i$で表す。

演習 5　100万円を年利率４％で３年間銀行に預けたとすれば，３年後の元利合計はいくらか。

　6　年利率４％で３年間銀行に預けた後，100万円を受け取るために

は，今いくら預ければよいか。

②　年金終価係数と減債基金係数

n期間にわたる毎期末均等払いの金額をM，n期後の元利合計をS，年間の利率をiとすると，

$$S = M \times \frac{(1+i)^n - 1}{i} \qquad (16.3)$$

とすればよい。この式の $\{(1+i)^n - 1\}/i$ の部分を年金終価係数と呼び，$[M \to S]_n^i$ で表す。

また，n期後の終価Sを毎期末均等払いの年価Mに換算すると（上式の逆数より），

$$M = S \times \frac{i}{(1+i)^n - 1} \qquad (16.4)$$

とすればよい。この式の $i/\{(1+i)^n - 1\}$ の部分を減債基金係数と呼び，$[S \to M]_n^i$ で表す。

演習　7　式(16.1)を用いて，式(16.3)を導け。

8　毎年末に100万円ずつ年利率６％で積立貯金すると，４年後の元利合計はいくらになるか。

9　年利率10％で，５年後に300万円を返済するためには，毎年何万円ずつ返済すればよいか。

③　資本回収係数と年金現価係数

利率 i で借りた資金 P 円を毎年 M 円ずつ n 年かけて返済する場合には，

$$M = P \times \frac{i(1+i)^n}{(1+i)^n - 1} \tag{16.5}$$

とすればよい。この式の $i(1+i)^n / \{(1+i)^n - 1\}$ の部分を資本回収係数と呼び，$[P \to M]_n^i$ で表す。

資本回収係数は，初期投資とその利子額を n 期間で回収するためには，毎期いくらずつの収入をあげなければならないか，という計算に使われるので，このように呼ばれる。

毎期の均等額 M がわかっていて，P を求めたい場合には（上式の逆数より），

$$P = M \times \frac{(1+i)^n - 1}{i(1+i)^n} \tag{16.6}$$

とすればよい。この式の $\{(1+i)^n - 1\} / i(1+i)^n$ の部分を年金現価係数と呼び，$[M \to P]_n^i$ で表す。

以上をまとめると**表16-1**，**図16-1**のようになる。

表16-1　現価・終価・年価関連表

input ＼ output	現価・P	終価・S	年価・M
現価・P		終価係数 $[P \to S]$	資本回収係数 $[P \to M]$
終価・S	現価係数 $[S \to P]$		減債基金係数 $[S \to M]$
年価・M	年金現価係数 $[M \to P]$	年金終価係数 $[M \to S]$	

出典：千住鎮雄編著『経済性分析』〔改訂版〕（経営工学シリーズ8），日本規格協会，1986年，付表より

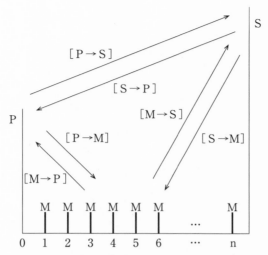

出典：千住鎮雄編著『経済性分析』〔改訂版〕（経営工学シリーズ 8 ），日本規格協会，1986年，付表より

図16-1 現価・終価・年価の関係

演習 **10** 式（16.1）と式（16.4）から式（16.5）を導け。

11 銀行から年利率10％で，300万円を借りた。5年で元金と利子の両方を返済するためには，毎年何万円ずつ返済すればよいか。

12 5年間にわたり，毎期150万円の返済が可能な事業がある。年金利12％でいくらの融資をうけることができるか。

(3)　経済計算
①　現価法
　初期投資と毎期の利益をすべて現価に換算して比較する方法である。すなわち，

$$正味現価＝毎年の利益額×現価係数－初期投資額 \qquad (16.7)$$

である。
②　年価法
　資金の流れを年価に換算して比較する方法である。すなわち，

$$正味年価＝毎年の利益額－初期投資額×資本回収係数 \qquad (16.8)$$

である。
③　終価法
　初期投資額を終価に換算した値から毎年の利益を終価に換算した値を差し引けばよい。すなわち，

$$正味終価＝毎年の利益×年金終価係数－初期投資額 \\ ×終価係数 \qquad (16.9)$$

である。

例題　初期投資額が1,000万円で，5年にわたり各年末に等額の400万円の利益が得られる投資案を考える。年利率を6％とすると，正味現価Pは，

$$P = 400 \times [M \rightarrow P]^6_5 - 1000$$
$$= 400 \times 4.212 - 1000$$
$$= 685（万円）$$

となる。すなわち，この投資案は，現在685万円をもらうものと等価になる。
　また，正味年価Mは，

$$M = 400 - 1000 \times [P \rightarrow M]^6_5$$
$$= 400 - 1000 \times 0.2374$$
$$= 163（万円）$$

となる。すなわち，この投資案は，5年間163万円ずつもらうことと等価とな

る。

さらに，正味終価は，

$$S = 400 \times [M \rightarrow S]_5^6 - 1000 \times [P \rightarrow S]_5^6$$
$$= 400 \times 5.637 - 1000 \times 1.338$$
$$= 917 \ (万円)$$

となる。すなわち，この投資案は，5年後に917万円をもらうのと等価になる。

なお，正味現価，正味年価，正味終価の3種類の指標は，資金の時間的価値換算の時点が相違するだけであり，どの指標でも判定結果は同一になる。

演習 13 毎期450万円の利益が5年間にわたり保証されている投資案がある。この投資案には，年利率12％で1,000万円を借りなければならない。この投資案の正味現価，正味終価，正味年価を求めよ。

14 次の投資案Ａ，Ｂ，Ｃのうち，最も有利なものはどれか。

投資案	初期投資	収益／年	費用／年	利益／年	年数
A	2,000万円	1,200万円	580万円	620万円	8年
B	3,000万円	1,500万円	670万円	830万円	8年
C	4,000万円	1,700万円	720万円	980万円	8年

ポイント 現価法，年価法，終価法で検討せよ。

---

④ 利回り法・回収期間法

初期投資額をC_0とし，毎期の報酬をR_1，R_2，…，R_nとする。利回り r とは，資金の時間的価値を考慮したもとでの，投資額と利益との価値が一致する利率である（すでに用いている年利率 i は，既知数，ここでの利率 r は，未知数と

して記号を区別しておく）。すなわち,

$$C_0 = \frac{R_1}{1+r} + \frac{R_2}{(1+r)^2} + \cdots + \frac{R_n}{(1+r)^n} \tag{16.10}$$

を満足する r を求めればよい。

なお，式(16.10)の両辺に$(1+r)^n$を掛けると,

$$R_1(1+r)^{n-1} + R_2(1+r)^{n-2} + \cdots + R_n = C_0(1+r)^n \tag{16.11}$$

となる（計算のしやすい方を適時選んで用いる）。

また，回収期間法は，将来の不確実性とか資金繰りを考えて，初期投資を年々の報酬で回収し終わるまでの期間（回収期間）が何年かを知りたい場合に用いる。

初期投資額をC_0とし，毎期の報酬をR_1, R_2, $\cdots$, R_nとする。回収期間は,

$$\sum_{j=1}^{N-1} \frac{R_j}{(1+i)^j} < C_0 \leqq \sum_{j=1}^{N} \frac{R_j}{(1+i)^j} \tag{16.12}$$

となるようなNとして求められる。もし$R_1 = R_2 = \cdots = R_n = R$ならば,

$$C_0 \times [P \rightarrow M]_N^i = R \tag{16.13}$$

または,

$$C_0 = R \times [M \rightarrow P]_N^i \tag{16.14}$$

を満足するNの値となる。

演習 **15** 初期投資額が1,200万円，1期目の利益が700万円，2期目の利益が640万円，3期目の利益が560万円の投資案に対する利益率を求めよ。

16 $C_0 = 1,000$（万円），$R_1 = R_2 = \cdots = R_5 = 450$（万円）の投資案に対する利回り r を求めよ。

17　初期投資額が1,000万円であり，毎年の収益が400万円であるとき，回収期間を求めよ。

18　電子マネーとは何か。

《引用・参考文献》

〔1〕　佃純誠・村松健児・竹安数博『新しい経営工学』中央経済社，1997年，165頁。

〔2〕　秋庭雅夫・石渡徳彌・佐久間章行・山本正明『経営工学概論』朝倉書店，1988年，99頁。

〔3〕　溝口一雄編『管理会計講義』青林書院新社，1972年，136頁。

〔4〕　秋庭雅夫・石渡徳彌・佐久間章行・山本正明，前掲書，101-102頁。

〔5〕　森俊治編著『現代工業経営学』有信堂，1982年，235-237頁。

〔6〕　秋庭雅夫・石渡徳彌・佐久間章行・山本正明，前掲書，103頁。

〔7〕　千住鎮雄・伏見多見雄『経済性工学の基礎―意思決定のための経済性分析―』日本能率協会，1981年。

〔8〕　千住鎮雄・伏見多見雄『経済性工学の応用―採算経営の計画技術―』日本能率協会，1983年。

〔9〕　浅居喜代治編著『現代経営工学概論』オーム社，1983年，172頁。

第17章

経営情報システム

1　情報の定義

　データは，発生した取引や事象などの事実であって，一般に何らかの媒体上に記録し，保管，流通，処理，伝達の対象となるものである。また，データは，処理加工によって情報になりうる可能性を持っている。このデータを情報（Information）に転換するプロセスのことを情報処理（Information Processing）と呼ぶ。

　ここではまず，代表的学者・研究者による，この情報の定義について紹介する。

　(1)　1954年，ウィナーの定義

「情報とは，我々が外界に適応しようと行動し，またその調節行動の結果を外界から感知するさいに，我々が外界と交換するものの内容である。」[1]

　(2)　1963年，マクドノウ（A.D.McDonough）の定義

「情報とは，特定の状況における価値が評価されたデータである。」[2]

　(3)　1969年，シャノン（C.Shannon）の定義

「情報とは，不確実性の量を減らす働きをするものである。」[3]

　(4)　1973年，デービス（G.B.Davis）の定義

「情報とは，受け取る人に意味のある形に処理されたデータであって，現在，

または将来の決定において現実のものになるか，または価値が認められるものである。」〔4〕

(5)　1981年，前川教授の定義

「情報とは，判断，選択，予測，計画設定などの行動にあたって意思決定を行う当事者に役立つメッセージである。それは情報を要求する当事者に，知りたいこと，知らないことを知らせるものである。」〔5〕

　以上のような定義がなされている。また，データ，情報，知識，知性の関係は，**図17-1** のようになる。

図17-1　**データ，情報，知識，知性**

　また，情報の特性は，次の4つが考えられる〔5〕。

①　情報価値の主観性

②　情報の寿命性

③　情報活用の啓蒙性

④　情報貢献の特定性

演習 1　情報の価値について述べよ。

　　　　ポイント　情報には，タイミング，状況，関連性などが必要である。

　　2　デジタル・デバイド（Digital Divide）とは何か。

2 経営情報の分類

　経営情報（Management Information）は，企業目的達成のための経営活動，すなわち経営意思決定に提供され，意思決定者が活用する情報であり，企業経営に不可欠のものである。この経営情報には，経営活動の特性により，次のように分類することができる[6]。

(1)　環境情報・外部情報，内部情報

(2)　経営階層別情報

(3)　経営職能別情報

(4)　経営管理プロセス別情報

(5)　定期情報，非定期情報

(6)　過去情報，進捗情報，未来情報

(7)　公式情報，非公式情報

したがって，それぞれの特性をふまえた経営情報の活用が重要となる。

演習 3　本節で取り上げた経営情報の分類以外に，どのような分類ができるか。

3 経営情報システム（Ⅰ）

　前節で分類した経営情報をシステムとして体系的に，開発，処理，活用され，維持されている情報システムを経営情報システム（Managemet Information Systems；MIS）と総称する。経営情報システムには，大きく2段階の経緯がある。最初は，1960年代〜1970年代にかけてのいわゆる MIS ブームを巻き起こした段階であり，次は，今日の経営情報システムとしての発展を遂げた段階

である。まず，最初の段階についてこの節で述べ，次の段階は次節で述べることにする。

(1)　MIS の定義

　1960年代以降，産業界は企業規模の拡大，事業の多角化，組織の巨大化・複雑化に伴い，コンピュータを高度に利用した経営への気運が高まって行くことになる。当時，第3世代コンピュータが出現し，これを契機にして，経営にコンピュータを利用するために，経営情報システム（MIS）の構築を行わなければならないと考えられるようになった。当時の MIS の定義を紹介しておく。

　①　1961年，ギャラガー（J.D.Gallagher）の定義

　「効果的な経営情報システムの最終目標は，経営管理のあらゆる階層に影響を与える経営内のすべての活動を，それらの階層にたえず完全に知らせることである。」[7]

　②　1965年，チャーチル（N.C.Churchill）の定義

　「MIS とは，オペレーションの効率的管理のため，データの収集，蓄積，検索，伝達および利用をもたらす，人間とコンピュータ・ベースの資本的資源の組み合わせである。」[8]

　③　1969年，ブルメンタール（S.C.Blumenthal）の定義

　「経営情報システムとは，他のオペレーション機能の情報サブシステムとなる部分を持つオペレーション機能である。」[9]

　④　1970年，プリンス（T.R.Prince）の定義

　「経営情報システムとは，1つ以上の業務を包括するコンピュータ中心のネットワークであって，マネジメントに対して意思決定に必要な情報を与え，また，この意思決定活動において，マネジメントの行う修正なり反応を織り込むための必要なメカニズムを含んでいる。経営情報システムは，単に適切な情報を提供するだけでは十分でない。同時に変化に反応することができなければならない。」[10]

　⑤　1976年，デービス＆オルソン（G.B.Davis and M.H.Olson）の定義

「経営情報システムの定義は，一般に理解されているように統合されたユーザー・マシンシステムのことである。そして，組織内のオペレーション（運営），管理，分析，意思決定といった機能を支える情報を提供するものである。」[11]

⑥ 1979年，ルーカス（H.C.Lucas）の定義

「情報システムは，一連の組織化された手続きであり，いったんそれが実施されると，組織内の意思決定やコントロールを支える情報を提供するものである。」[12]

以上の他にも，多数の定義がなされており，まさに百家争鳴の状況であった。

これらの定義を振り返ると，ギャラガーの MIS 概念は，当時としては理想像であった MIS ブームを創出した，MIS に対する楽観主義をもたらすことになる。また，コンピュータの存在を必ずしも前提条件としていない点に特徴があり，MIS の概念を非常に幅広く解釈することになり，同時に曖昧さがぬぐい去れない。一方，チャーチルの MIS の定義は，コンピュータの存在を前提としている点が特徴である。両者の考え方の違いは，マニュアル・ベースのMIS 観とコンピュータ・ベースの MIS 観を生み出すことになる。これら2つの MIS 概念が，後のブルメンタールやプリンス，デービス＆オルソン，ルーカスらの定義に見られるように，少なからず影響を与えることになる。

演習 **4** MIS の定義には，他にどのようなものがあるか調べよ。

---

(2) MIS ブーム

1967年，日本生産性本部が編成した訪米コンピュータ利用視察団であるMIS 視察団が，帰国後日本の産業界のトップ層に，MIS の重要性を報告したことが契機となって，産業界に MIS が普及された。

　しかし，日本においても，MIS論争は，アメリカにおけるものと同様に大きな論争となった。MISすなわちコンピュータ利用を過大評価する考え方は，当時まだ開発・発展の途上にあったハードウェア，ソフトウェアの割高でかつ貧弱な処理能力，社外システム開発能力の未熟，社内支援体制の不備，要因の不足，等々の各社の情報システム部門が直面していた惨めな現実との間のギャップ，すなわち，理想と現実とのギャップに直面して，次第にアメリカにおける状況と同様，第3世代コンピュータへの過大評価が消えると同時に，MIS論議も下火になった。

　しかし，1960年代後半から，1970年代初頭にかけてのMIS旋風は，当時の日本産業界の経営者層，管理者層に対し，コンピュータによる経営システム化の重要性を認識させ，経営者層から全社員に対するコンピュータ教育が多くの企業で実施された。その結果，コンピュータ利用が全社的に普及する契機となる大きな影響を残した[13]。

4　経営情報システム（Ⅱ）

　コンピュータの発展段階とコンピュータを利用した経営には，次のような関係がある[14]。

① 　パンチカードシステム（Punch Card System；PCS）の時代：第1世代コンピュータ以前から第2世代コンピュータ

　　カードに穴をあけ，数値や文字を表現することで，情報を整理した。

② 　電子的データ処理システム（Electronic Data Processing System；EDPS）の時代：第2世代コンピュータから第3世代コンピュータ

　　業務の事後処理として，経営情報を管理した。

③ 　経営情報システム（MIS）の時代：第3.5世代コンピュータから第4世代コンピュータ

　　EDPSが組織の下位層で用いられたのに対して，MISは，管理者をも対象とした。EDPSは主に過去情報であり，MISは未来の情報をも扱お

うとした。しかし，当時のコンピュータはハード的にもソフト的にも未熟
であり，現実には困難であった。

④ 意思決定支援システム（DSS）の時代：第4世代コンピュータと社内
ネットワーク

　小型コンピュータの社内間ネットワークで実現された。MIS で理想と
したことを現実化した。

⑤ オフィスオートメーション（Office Automation；OA）の時代：パーソナ
ル・コンピュータ

　パーソナル・コンピュータやワード・プロセッサ，ファックスなどの機
器が普及し，オフィス業務の生産性の向上に貢献した。

⑥ 戦略的情報システム（Strategic Information System；SIS）の時代：コン
ピュータと企業間ネットワーク

　情報システムが経営戦略の実現に役立つと認識されるようになった。

⑦ IT 革命とインターネット活用の時代：インターネット

　グループウェア，データウェアハウス，ERP（Enterprise Resource Plan-
ning），SCM（Supply Chain Management），SFA（Sales Force Automation）
などに対応した経営情報システムが構築された。また，クライアント・
サーバーシステムが登場し，クライアントの役割とサーバーの役割に分散
された。

⑧ ユビキタスネット（Ubiquitous Network）の時代：IoT（Internet of Thin-
gs），IoE（Internet of Everythings）

　「いつでも，どこでも，何でも，誰でも」ネットワークにつながり，情
報システムが日常生活の隅々まで普及し，簡単に利用できるようになった。

⑨ クラウド・コンピューティング（Cloud Computing）の時代：高度なイ
ンターネット活用とクラウドによるコンピュータ資源の活用

　インターネット経由でソフトウェアパッケージを提供する SaaS（Soft-
ware as a Service），インターネット経由でアプリケーション実行用のプ
ラットフォームを提供する PaaS（Platform as a Service），インターネット

経由でハードウェアやインフラを提供する HaaS（Hardware as a Service）または IaaS（Infrastructure as a Service）などが普及した。

⑩　IoT（IoE）／ビッグデータ／ AI の時代：ネットワークとデータが創造する新たな価値

　IoT（Internet of Things）とは，モノのインターネットのことで，センサーやデバイスといった「モノ」が，インターネットを通じてクラウドやサーバーに接続され，情報交換することにより相互に制御する仕組みのことをいう。IoE（Internet of Everythings）は，すべて（あらゆるモノ）のインターネットで，IoT を基盤にして，そのうえですべての人間と情報システム，データがネットワークでつながることを指す。

　これらヒト・機械・モノなどがインターネットにつながることで，クラウドにはビッグデータ（Big Data）が蓄積されることになり，蓄積されたビッグデータを人工知能（Artificial Intelligence；AI）で解析し，その結果を IoT（IoE）にフィードバックするという仕組みによって，新たな価値の創造や社会課題の解決が可能となり，新しいビジネスが創造されることになる[15]。

⑪　デジタル・トランスフォーメーションの時代／ With Corona から After Corona へ向けて

　2020年３月にパンデミック（Pandemic）宣言された新型コロナウイルス（Covid-19）禍（With Corona）において，デジタル・トランスフォーメーション（DX）への注目が集まるようになった。その要因としては，１）スマートフォン等の高度なデジタルツールの普及とその生活インフラとして定着に伴う消費行動等の変化，２）先発のデジタル企業が，後発のデジタル企業によるデジタル・ディスラプション（Digital Disruption）の脅威にさらされる，３）サイバー空間のみならずリアル空間を含めたデータの増大とネットワーク化，４）デジタル市場のグローバル化の４つをあげることができる。そして，デジタル技術の活用による新たな商品・サービスの提供，新たなビジネスモデルの開発を通して，社会制度や組織文化など

　も変革していくようなシステムがコロナ後（After Corona）にも必要不可
欠である[16]。

　以上のような段階を経て，経営情報システムは，**図17-2**のような概念で形
成される。

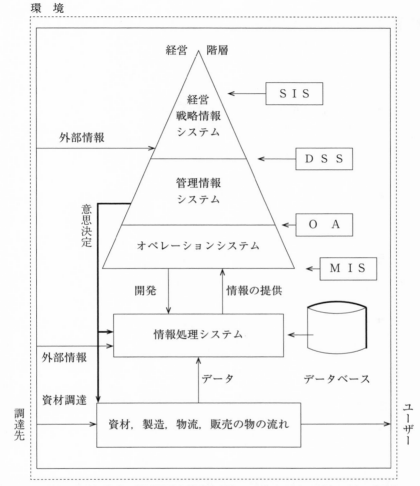

出典：石原和夫・音成行勇『経営情報管理』中央経済社，1989年，82頁，図表4−6を一部改良。

図17−2　経営情報システムの概念

演習 **5** 階層別経営情報システムについて調べよ。

ポイント　戦略レベル，マネジメントレベル，オペレーションレベルの経営情報システムがある。

6 職能別経営情報システムについて調べよ。

ポイント　生産情報システム，会計情報システム，人事情報システムなどがある。

7　イントラネット（Intranet）とエクストラネット（Extranet）について調べよ。

8　IT によってもたらされる経営情報システムの構造改革について述べよ。

9　デジタル・ディスラプションの影響によって倒産あるいは事業縮小を余儀なくされた事例について調べよ。

《引用・参考文献》

〔1〕　N.Wiener, *The Human Use of Human Beings : Cybernetics and Society*, Houghton Mifflin & Co. 1949, （池原止木夫訳『人間機械論，サイバネティクスと社会』みすず書房　1954年，122頁）

〔2〕　A.M.McDonough, *Information Economics and Management Systems*, McGraw-Hill, 1963.

〔3〕　C.E.Shannon, *A Mathematical Theory of Communication*, Bellsystem Technical Journal., 1948.

〔4〕　G.B.Davis, *Management Information Systems : Conceptual Foundations, Structure, and Development*, McGraw-Hill, 1973, p.5.

〔5〕　前川良博編著『経営情報管理』［改訂版］（経営工学シリーズ10），日本規格協

会，1986年，13頁。
〔6〕 石原和夫・音成行勇『経営情報管理』中央経済社，1989年，71頁。
〔7〕 J.D.Gallagher, *Management Information Systems and The Computer*, The American Management Association Inc., 1961. (岸本英八郎訳『マネジメント・インフォメーション・システム』日本経営出版会，1967年，2頁)
〔8〕 N.C.Churchill, *Proposed Research on Management Information Systems, Management Science Research Report*, Defence Documentation Center, No.54, 1965, p.2.
〔9〕 S.C.Blumenthal, *Management Information Systems : A Framework for Planning and Development*, Prentice-Hall, 1969. (菊地和聖訳『経営情報システムの設計』東洋経済新報社，1971年，48頁)
〔10〕 T.R.Prince, *Information Systems for Management Systems for Management Planning and Control*, Irwin, 1966. (宮川公男監訳『計画と管理のための情報システム』ダイヤモンド社，1971年)
〔11〕 G.B.Davis & M.H.Olson, *Management Information Systems : Conceptual Foundations, Structure, and Development, 2nd ed.*, McGraw-Hill, 1985.
〔12〕 H.C.Lucas, *Information Systems Concepts for Management, 2nd ed.*, McGraw-Hill, 1982.
〔13〕 石原和夫・音成行勇，前掲書，78-81頁。
〔14〕 関口操編著『文科系のための経営情報管理』同文舘，1988年，19-23頁。
〔15〕 古殿幸雄『入門ガイダンス　経営情報システム　第2版』中央経済社，2017年，123頁。
〔16〕 総務省『令和3年版　情報通信白書』，2022年，82-85頁。

第18章

今後の発展

　本書は，経営科学・経営工学を，共通の領域として第1部の基礎理論，経営
科学の領域として第2部の経営科学の手法，経営工学の領域として第3部の経
営工学への展開という流れでまとめた。これは，経営科学だけを勉強していて
もつかめなかった全体としてのイメージ，経営工学だけを勉強していてもつか
めなかった細部に対するイメージをつかんでいただくことができればと考えた
からである。

　第8章で述べた線形計画法は，第13章の生産管理部門での生産計画における
原材料の配分問題，第15章の人的資源管理部門での人員配分問題，第16章の財
務管理部門での予算配分問題などをはじめ，さまざまな配分問題の重要な解決
手法である。また，この方法は，経営の効率化と改善法として注目を集めてい
る DEA（Data Enveropment Analysis；包絡分析法）などでも用いられており，
その適用範囲は広い。

　第9章で述べた日程計画法は，第13章の生産管理部門での工程管理における
原材料の手配や部品加工・組立などの日程計画問題，第15章の人的資源管理部
門での人員の手配や人員採用などの日程計画問題，第16章の財務管理部門での
資金などの日程問題などの解決手法である。

　第10章で述べた在庫問題は，在庫管理部門における解決手法であるが，これ
は，第13章の生産管理部門での生産計画を立てる場合にも考慮すべき問題であ
る。

　第11章で述べたゲーム理論は，企業対企業での戦略を立てる場合に有効であ

る。また，第15章の人的資源管理部門での人材の採用，第16章の財務管理部門での投資計画などにも有用である。

　第12章で述べた意思決定法は，第15章の人的資源管理部門での人事考課，第16章での財務管理部門における資金運用案の策定，第17章の経営情報システム（意思決定支援システム）および組織やグループでの意思決定・評価などの解決手法である。

　このようにして，経営科学と経営工学は，密接な関連を持っている。特に，第17章の経営情報システムの構築のためには，経営科学の手法，経営工学への展開および情報技術（IT）が結びつくことで，新たな局面を迎えている。

　また，本書で取り扱わなかった重要な手法や重要な展開はたくさんあり，そして現在も新しい手法や新しい展開が進められている。これらに関しては，本書で得た知識を基に，参考・引用文献として取り上げた書物などを通して，さらに深くこの領域に進まれることを望んでいる。

　さて，日本の製造業は，世界一の生産性を誇っている。これは，産業革命以来，工場の生産性に関して，経営工学の考え方が深く浸透し，日本の生産部門で適切に消化されたからに他ならない。また，経営科学の手法として，線形計画法をはじめ，日程計画法などの生産部門に関する科学的アプローチが，その効率化の促進につながったからであろう。

　しかしながら，日本の将来に関しては，暗いイメージがつきまとう。例えば，リストラクチャリング（事業の再構築が本来の意味であるが）による人員削減や雇用削減，事業の統廃合，未就者数の増加あるいは長引く不況や少子高齢化社会への不安などである。

　また，日本は資源を輸入し，それを加工することによる付加価値で，その発展を維持してきた。したがって，日本は生産性の向上が振るわなくなると，たちまち世界に取り残されてしまうであろう。

　生産性を向上するためには，第5章の(5.4)式で述べたように，産出（出力）を増やすか，投入（入力）を減らすことが考えられる。ここに効率化が必要となってくる。効率的に入力を少なくする，効率的に出力を多くするのである。

このように，生産性と効率化は，今後も重要なキーワードとなるであろう。

　しかしながら，効率化のもとで，入力としての人件費削減のために，安易に人員を削減することには疑問が生じる。それは，組織における人間の役割が大きいからである。例えば，経営の計画や最終的な意思決定は人間が行う。人間の知識や経験は，問題解決のために大いに役立っている。このような知識や経験を有する人間を安易に削減するのはいかがなものであろうか。また，知識や経験は，育成されてこそ威力を発揮するものであり，有用な人材の育成も怠ってはいけない。最近では，ナレッジ・マネジメント（Knowledge Management；知的資産管理）として，人間の知識やノウハウ，アイデアなどを企業が一元的に管理することで，全社的な知的資産の共有を図ろうとしているが，それだけ人間の要素は，安易に削減することはできない。なお，本書では第12章の一部分において，少しファジィ理論について触れたが，経営の計画や意思決定のみならず，システムの構築・運用・改善などファジィ理論の適用範囲は広いため，興味のある読者は，巻末に挙げた文献を参考にしていただきたい。

　話を元に戻そう。日本の製造業の生産性は，世界一であるが，製造業以外の分野はどうであろうか。これが意外にも，世界に比べて低いところがある。日本の製造業は，GNP の中でおよそ3分の1程度であり，残りの3分の2の分野には，まだまだ生産性を向上するための余地が残されているのである。このような分野を未開拓分野と考えれば，経営科学・経営工学のアプローチで，効率的に生産性を向上させることにより，まだまだ暗いイメージを打破する余裕が残されている。今一度，第3章で述べた，経営工学の定義を振り返ろう。

　「経営工学とは，種々の経営システムの最適設計・改善・最適運用の工学である。ここで，種々の経営システムとは，種々の分野（企業，行政，教育，医療，交通など）や，種々のレベル（例えば，企業全体か，その中の部分システムあるいは，さらに小さい工程の一部など）にあるシステムを意味する。（以下略）」[1]。

　この定義に見られるように，経営科学・経営工学の考え方は，未開拓分野に十分に浸透させ，適切に消化させることが可能であるし，柔軟に対応でき得る

のである。したがって，今後は，これら未開拓分野へ効率的に生産性を向上させていけば，暗いイメージを打破することができよう。

　経営科学および経営工学のアプローチは現在も進歩・発展している。特に小型・低価格で高性能なコンピュータ・携帯型情報端末，インターネットなどに見られるネットワーク網の普及，通信手段の多様化，情報の波や国際化の波などは，新たなアプローチの出現に拍車をかけるだろう。特に産業界では，経営科学を OR，経営工学を IE と呼び，情報技術の IT と共に，生産のみならず経営の効率化の有力な方法として活用している。

　日本は，バブル経済崩壊後，失われた10年を過ごし，この不況が未だ好転しなかった時期に，アメリカでは，IT 革命によってインフレなき経済成長を遂げようとした（ニューエコノミー論）。アメリカのインターネット人口は，1999年初めに8,000万人を突破し，日常生活のあらゆる場面で利用されるようになった。日本では，1999年末時点で，2,000万人に達し，携帯電話・PHS によるインターネット利用が急速に進んだ。この年カナダでブラックベリー（BlackBerry）が登場し，2007年には，アップル社から iOS による iPhone が発表され，2008年には，AndroidOS によるスマートフォンが登場したことで，スマートフォンが普及すると同時にタブレット型情報端末も普及し，いわゆるモバイル・コンピューティング時代へと進歩した。このような，モバイル・コンピューティングや e コマースなどの IT 革命によって，経営システムは大きく変わろうとしている。また，それに対応した構造改革が実施されている。そして，DX の推進には，経営科学や経営工学の考え方が必要不可欠であり，これらの融合こそが，新しい時代の新しい経営戦略となるだろう。

　このような進歩・発展が，生産性の向上，効率化のキーワードと共に，未来の豊かな社会の到来のために貢献してくれることを願ってやまない。

《引用・参考文献》
〔1〕　浅居喜代治編著『現代経営工学概論』オーム社，1983年，3-4頁。

《参考文献》

浅居喜代治編著『現代経営工学概論』オーム社, 1983年。

浅居喜代治編著『現代システム工学の基礎』オーム社, 1979年。

浅居喜代治『システム工学』日本放送出版協会, 1986年。

浅居喜代治編著『現代人間工学概論』オーム社, 1980年。

朝香鐵一編著『品質管理』[改訂版] (経営工学シリーズ15), 日本規格協会, 1988年。

秋庭雅夫・石渡徳彌・佐久間章行・山本正明『経営工学概論』(経営工学ライブラ
    リー1), 朝倉書店, 1988年。

安藤貞一・松村嘉高・二見良治『技術者のための統計的品質管理入門』共立出版社,
    1981年。

石原和夫・音成行勇『経営情報管理』中央経済社, 1989年。

海老澤榮一ほか『例解経営情報管理』同友館, 1988年。

大橋岩雄・村杉健『産業社会学』青巧社, 1986年。

加藤あけみ『経営科学論』(新しい時代の経営学選書16), 創成社, 1993年。

桐淵勘蔵編著『工業経営概論』[増補改訂版], 日刊工業新聞社, 1969年。

日下泰夫『経営工学概論』中央経済社, 1997年。

黒澤和人『統計・OR 入門』共立出版社, 1995年。

近藤次郎『オペレーションズ・リサーチ』(OR ライブラリー1), 日科技連, 1973年。

近藤次郎『オペレーションズ・リサーチの手法』(OR ライブラリー2), 日科技連,
    1973年。

今野浩『線形計画法』日科技連, 1987年。

T.L. Saaty, *The Analytic Hierarchy Process*, McGraw-Hill Inc., 1980.

H.A. Simonp, *Administrative Behavior 3rd Edition*, Macmillan Publishing Co., 1976,
    (松田武彦他訳『経営行動 (新版)』ダイヤモンド社, 1989年)

定道宏『経営科学 (経営情報学講座10)』オーム社, 1989年。

E. Stolterman & A.C. Fors : Information Technology and the Good Life, *Information
    Systems Research*, Umeå University, pp.687-692, 2004.

菅野道夫『ファジィ測度とファジィ積分』計測自動制御学会論文集, 8巻, 1972年,

218-226頁。

関口操編著『文科系のための経営情報管理』同文舘，1988年。

千住鎮雄・伏見多美雄『経済性工学の応用』日本能率協会，1983年。

高城重道『生産工学概論』[増補版]，パワー社，1984年。

佃純誠・村松健児・竹安数博『新しい経営工学』中央経済社，1997年。

寺野寿郎・浅居喜代治・菅野道夫共編『ファジィシステム入門』，オーム社，1987年。

刀根薫『ゲーム感覚意思決定法』日科技連，1986年。

刀根薫『経営効率性の測定と改善』日科技連，1993年。

G.Naddler, *Work Design*, Irwin, 1963.（村松林太郎他訳『ワークデザイン』建吊社，
　　1966年）

西山賢一『勝つためのゲーム理論』講談社，1986年。

細谷克也『QC 七つ道具』日科技連，1982年。

前川良博ほか『経営情報管理［改訂版］』日本規格協会，1981年。

松尾三郎監修『経営科学（情報処理教育講座シリーズ10)』電子開発学園，1986年。

宮川公男編著『経営情報システム』中央経済社，1994年。

森俊治編著『現代工業経営学』有信堂，1982年。

守谷栄一・小宮正好『技術者のための経営科学の知識』日本理工出版会，1988年。

谷津進・宮川雅巳『品質管理（経営工学ライブラリー6)』朝倉書店，1988年。

山口襄編著『経営工学概論（経営工学シリーズ2)』日本規格協会，1981年。

湧田宏昭編著『経営情報科学総論』[増補改訂版]，中央経済社，1992年。

付　　表

付表4～6は秋庭雅夫，石渡徳彌，佐久間章行，山本正明『経営工学概論』（経営工学ライブラリー1，朝倉書店，1988年），157-159頁の表Ⅲ．8より引用した。

1 標準正規分布の確率密度

$$\phi(u) = \frac{1}{\sqrt{2\pi}}\, e^{-\frac{u^2}{2}}$$

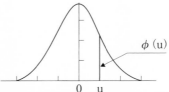

$\phi(u)$

u	.00	.01	.02	.03	.04	.05	.06	.07	.08	.09
.0	.398942	.398922	.398862	.398763	.398623	.398444	.398225	.397966	.397668	.397330
.1	.396953	.396536	.396080	.395585	.395052	.394479	.393868	.393219	.392531	.391806
.2	.391043	.390242	.389404	.388529	.387617	.386668	.385683	.384663	.383606	.382515
.3	.381388	.380226	.379031	.377801	.376537	.375240	.373911	.372548	.371154	.369728
.4	.368270	.366782	.365263	.363714	.362135	.360527	.358890	.357225	.355533	.353812
.5	.352065	.350292	.348493	.346668	.344818	.342944	.341046	.339124	.337180	.335213
.6	.333225	.331215	.329184	.327133	.325062	.322972	.320864	.318737	.316593	.314432
.7	.312254	.310060	.307851	.305627	.303389	.301137	.298872	.296595	.294305	.292004
.8	.289692	.287369	.285036	.282694	.280344	.277985	.275618	.273244	.270864	.268477
.9	.266085	.263688	.261286	.258881	.256471	.254059	.251644	.249228	.246809	.244390
1.0	.241971	.239551	.237132	.234714	.232297	.229882	.227470	.225060	.222653	.220251
1.1	.217852	.215458	.213069	.210686	.208308	.205936	.203571	.201214	.198863	.196520
1.2	.194186	.191860	.189543	.187235	.184937	.182649	.180371	.178104	.175847	.173602
1.3	.171369	.169147	.166937	.164740	.162555	.160383	.158225	.156080	.153948	.151831
1.4	.149727	.147639	.145564	.143505	.141460	.139431	.137417	.135418	.133435	.131468
1.5	.129518	.127583	.125665	.123763	.121878	.120009	.118157	.116323	.114505	.112704
1.6	.110921	.109155	.107406	.105675	.103961	.102265	.100586	.098925	.097282	.095657
1.7	.094049	.092459	.090887	.089333	.087796	.086277	.084776	.083293	.081828	.080380
1.8	.078950	.077538	.076143	.074766	.073407	.072065	.070740	.069433	.068144	.066871
1.9	.065616	.064378	.063157	.061952	.060765	.059595	.058441	.057304	.056183	.055079
2.0	.053991	.052919	.051864	.050824	.049800	.048792	.047800	.046823	.045861	.044915
2.1	.043984	.043067	.042166	.041280	.040408	.039550	.038707	.037878	.037063	.036262
2.2	.035475	.034701	.033941	.033194	.032460	.031740	.031032	.030337	.029655	.028985
2.3	.028327	.027682	.027048	.026426	.025817	.025218	.024631	.024056	.023491	.022937
2.4	.022395	.021862	.021341	.020829	.020328	.019837	.019356	.018885	.018423	.017971
2.5	.017528	.017095	.016670	.016254	.015848	.015449	.015060	.014678	.014305	.013940
2.6	.013583	.013234	.012892	.012558	.012232	.011912	.011600	.011295	.010997	.010706
2.7	.010421	.010143	.²98712	.²96058	.²93466	.²90936	.²88465	.²86052	.²83697	.²81398
2.8	.²79155	.²76965	.²74829	.²72744	.²70711	.²68728	.²66793	.²64907	.²63067	.²61274
2.9	.²59525	.²57821	.²56160	.²54541	.²52963	.²51426	.²49929	.²48470	.²47050	.²45666
3.0	.²44318	.²43007	.²41729	.²40486	.²39276	.²38098	.²36951	.²35836	.²34751	.²33695
3.1	.²32668	.²31669	.²30698	.²29754	.²28835	.²27943	.²27075	.²26231	.²25412	.²24615
3.2	.²23841	.²23089	.²22358	.²21649	.²20960	.²20290	.²19641	.²19010	.²18397	.²17803
3.3	.²17226	.²16666	.²16122	.²15595	.²15084	.²14587	.²14106	.²13639	.²13187	.²12748
3.4	.²12322	.²11910	.²11510	.²11122	.²10747	.²10383	.²10030	.³96886	.³93577	.³90372
3.5	.³87268	.³84263	.³81352	.³78534	.³75807	.³73166	.³70611	.³68138	.³65745	.³63430
3.6	.³61190	.³59024	.³56928	.³54901	.³52941	.³51046	.³49214	.³47443	.³45731	.³44077
3.7	.³42478	.³40933	.³39440	.³37998	.³36605	.³35260	.³33960	.³32705	.³31494	.³30324
3.8	.³29195	.³28105	.³27053	.³26037	.³25058	.³24113	.³23201	.³22321	.³21473	.³20655
3.9	.³19866	.³19105	.³18371	.³17664	.³16983	.³16326	.³15693	.³15083	.³14495	.³13928
4.0	.³13383	.³12858	.³12352	.³11864	.³11395	.³10943	.³10509	.³10090	.⁴9687	.⁴92993
4.1	.⁴89262	.⁴85672	.⁴82218	.⁴78895	.⁴75700	.⁴72626	.⁴69670	.⁴66828	.⁴64095	.⁴61468
4.2	.⁴58943	.⁴56516	.⁴54183	.⁴51942	.⁴49788	.⁴47719	.⁴45731	.⁴43821	.⁴41988	.⁴40226
4.3	.⁴38535	.⁴36911	.⁴35353	.⁴33856	.⁴32420	.⁴31041	.⁴29719	.⁴28449	.⁴27231	.⁴26063
4.4	.⁴24942	.⁴23868	.⁴22837	.⁴21848	.⁴20900	.⁴19992	.⁴19121	.⁴18286	.⁴17486	.⁴16719
4.5	.⁴15984	.⁴15280	.⁴14605	.⁴13959	.⁴13340	.⁴12747	.⁴12180	.⁴11636	.⁴11116	.⁴10618
4.6	.⁴10141	.⁵96845	.⁵92477	.⁵88297	.⁵84298	.⁵80472	.⁵76812	.⁵73311	.⁵69962	.⁵66760
4.7	.⁵63698	.⁵60771	.⁵57972	.⁵55296	.⁵52739	.⁵50295	.⁵47960	.⁵45728	.⁵43596	.⁵41559
4.8	.⁵39613	.⁵37755	.⁵35980	.⁵34285	.⁵32667	.⁵31122	.⁵29648	.⁵28239	.⁵26895	.⁵25613
4.9	.⁵24390	.⁵23222	.⁵22108	.⁵21046	.⁵20033	.⁵19066	.⁵18144	.⁵17265	.⁵16428	.⁵15629
5.0	.⁵14867	.⁵14141	.⁵13450	.⁵12791	.⁵12162	.⁵11564	.⁵10994	.⁵10451	.⁶99339	.⁶94414

注：.²'→0.00　　.³'→0.000　　.⁴'→0.0000　　.⁵'→0.00000　　.⁶'→0.000000

2　標準正規分布の上側確率

$$\varepsilon\,(K_\varepsilon)\,:\,\varepsilon = \int_{K_\varepsilon}^{\infty} \phi\,(u)\,du$$

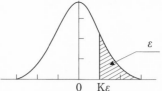

K_ε	.00	.01	.02	.03	.04	.05	.06	.07	.08	.09
.0	.500000	.496011	.492022	.488034	.484047	.480061	.476078	.472097	.468119	.464144
.1	.460172	.456205	.452242	.448283	.444330	.440382	.436441	.432505	.428576	.424655
.2	.420740	.416834	.412936	.409046	.405165	.401294	.397432	.393580	.389739	.385908
.3	.382089	.378280	.374484	.370700	.366928	.363169	.359424	.355691	.351973	.348268
.4	.344578	.340903	.337243	.333598	.329969	.326355	.322758	.319178	.315614	.312067
.5	.308538	.305026	.301532	.298056	.294599	.291160	.287740	.284339	.280957	.277595
.6	.274253	.270931	.267629	.264347	.261086	.257846	.254627	.251429	.248252	.245097
.7	.241964	.238852	.235762	.232695	.229650	.226627	.223627	.220650	.217695	.214764
.8	.211855	.208970	.206108	.203269	.200454	.197663	.194895	.192150	.189430	.186733
.9	.184060	.181411	.178786	.176186	.173609	.171056	.168528	.166023	.163543	.161087
1.0	.158655	.156248	.153864	.151505	.149170	.146859	.144572	.142310	.140071	.137857
1.1	.135666	.133500	.131357	.129238	.127143	.125072	.123024	.121000	.119000	.117023
1.2	.115070	.113139	.111232	.109349	.107488	.105650	.103835	.102042	.100273	.098525
1.3	.096800	.095098	.093418	.091759	.090123	.088508	.086915	.085343	.083793	.082264
1.4	.080757	.079270	.077804	.076359	.074934	.073529	.072145	.070781	.069437	.068112
1.5	.066807	.065522	.064255	.063008	.061780	.060571	.059380	.058208	.057053	.055917
1.6	.054799	.053699	.052616	.051551	.050503	.049471	.048457	.047460	.046479	.045514
1.7	.044565	.043633	.042716	.041815	.040930	.040059	.039204	.038364	.037538	.036727
1.8	.035930	.035148	.034380	.033625	.032884	.032157	.031443	.030742	.030054	.029379
1.9	.028717	.028067	.027429	.026803	.026190	.025588	.024998	.024419	.023852	.023295
2.0	.022750	.022216	.021692	.021178	.020675	.020182	.019699	.019226	.018763	.018309
2.1	.017864	.017429	.017003	.016586	.016177	.015778	.015386	.015003	.014629	.014262
2.2	.013903	.013553	.013209	.012874	.012545	.012224	.011911	.011604	.011304	.011011
2.3	.010724	.010444	.010170	.²99031	.²96419	.²93867	.²91375	.²88940	.²86563	.²84242
2.4	.²81975	.²79763	.²77603	.²75494	.²73436	.²71428	.²69469	.²67557	.²65691	.²63872
2.5	.²62097	.²60366	.²58677	.²57031	.²55426	.²53861	.²52336	.²50849	.²49400	.²47988
2.6	.²46612	.²45271	.²43965	.²42692	.²41453	.²40246	.²39070	.²37926	.²36811	.²35726
2.7	.²34670	.²33642	.²32641	.²31667	.²30720	.²29798	.²28901	.²28028	.²27179	.²26354
2.8	.²25551	.²24771	.²24012	.²23274	.²22557	.²21860	.²21182	.²20524	.²19884	.²19262
2.9	.²18658	.²18071	.²17502	.²16948	.²16411	.²15889	.²15382	.²14890	.²14412	.²13949
3.0	.²13499	.²13062	.²12639	.²12228	.²11829	.²11442	.²11067	.²10703	.²10350	.²10008
3.1	.³96760	.³93544	.³90426	.³87403	.³84474	.³81635	.³78885	.³76219	.³73638	.³71136
3.2	.³68714	.³66367	.³64095	.³61895	.³59765	.³57703	.³55706	.³53774	.³51904	.³50094
3.3	.³48342	.³46648	.³45009	.³43423	.³41889	.³40406	.³38971	.³37584	.³36243	.³34946
3.4	.³33693	.³32481	.³31311	.³30179	.³29086	.³28029	.³27009	.³26023	.³25071	.³24151
3.5	.³23263	.³22405	.³21577	.³20778	.³20006	.³19262	.³18543	.³17849	.³17180	.³16534
3.6	.³15911	.³15310	.³14730	.³14171	.³13632	.³13112	.³12611	.³12128	.³11662	.³11213
3.7	.³10780	.³10363	.⁴99611	.⁴95740	.⁴92010	.⁴88417	.⁴84957	.⁴81624	.⁴78414	.⁴75324
3.8	.⁴72348	.⁴69483	.⁴66726	.⁴64072	.⁴61517	.⁴59059	.⁴56694	.⁴54418	.⁴52228	.⁴50122
3.9	.⁴48096	.⁴46148	.⁴44274	.⁴42473	.⁴40741	.⁴39076	.⁴37475	.⁴35936	.⁴34458	.⁴33037
4.0	.⁴31671	.⁴30359	.⁴29099	.⁴27888	.⁴26726	.⁴25609	.⁴24536	.⁴23507	.⁴22518	.⁴21569
4.1	.⁴20658	.⁴19783	.⁴18944	.⁴18138	.⁴17365	.⁴16624	.⁴15912	.⁴15230	.⁴14575	.⁴13948
4.2	.⁴13346	.⁴12769	.⁴12215	.⁴11685	.⁴11176	.⁴10689	.⁴10221	.⁵97736	.⁵93447	.⁵89337
4.3	.⁵85399	.⁵81627	.⁵78015	.⁵74555	.⁵71241	.⁵68069	.⁵65031	.⁵62123	.⁵59340	.⁵56675
4.4	.⁵54125	.⁵51685	.⁵49350	.⁵47117	.⁵44979	.⁵42935	.⁵40980	.⁵39110	.⁵37322	.⁵35612
4.5	.⁵33977	.⁵32414	.⁵30920	.⁵29492	.⁵28127	.⁵26823	.⁵25577	.⁵24386	.⁵23249	.⁵22162
4.6	.⁵21125	.⁵20133	.⁵19187	.⁵18283	.⁵17420	.⁵16597	.⁵15810	.⁵15060	.⁵14344	.⁵13660
4.7	.⁵13008	.⁵12386	.⁵11792	.⁵11226	.⁵10686	.⁵10171	.⁶96796	.⁶92113	.⁶87648	.⁶83391
4.8	.⁶79333	.⁶75465	.⁶71779	.⁶68267	.⁶64920	.⁶61731	.⁶58693	.⁶55799	.⁶53043	.⁶50418
4.9	.⁶47918	.⁶45538	.⁶43272	.⁶41115	.⁶39061	.⁶37107	.⁶35247	.⁶33477	.⁶31792	.⁶30190
5.0	.⁶28665	.⁶27215	.⁶25836	.⁶24524	.⁶23277	.⁶22091	.⁶20963	.⁶19891	.⁶18872	.⁶17903

注：.*2*→0.00　.*3*→0.000　.*4*→0.0000　.*5*→0.00000　.*6*→0.000000

3 標準正規分布のパーセント点

$$K_\varepsilon\ (\varepsilon)\ :\ \varepsilon = \int_{K_\varepsilon}^{\infty} \phi\,(u)\,du$$

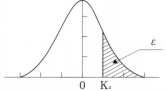

ε	.000	.001	.002	.003	.004	.005	.006	.007	.008	.009
.00	∞	3.090232	2.878162	2.747781	2.652070	2.575829	2.512144	2.457263	2.408916	2.365618
.01	2.326348	2.290368	2.257129	2.226212	2.197286	2.170090	2.144411	2.120072	2.096927	2.074855
.02	2.053749	2.033520	2.014091	1.995393	1.977368	1.959964	1.943134	1.926837	1.911036	1.895698
.03	1.880794	1.866296	1.852180	1.838424	1.825007	1.811911	1.799118	1.786613	1.774382	1.762410
.04	1.750686	1.739198	1.727934	1.716886	1.706043	1.695398	1.684941	1.674665	1.664563	1.654628
.05	1.644854	1.635234	1.625763	1.616436	1.607248	1.598193	1.589268	1.580467	1.571787	1.563224
.06	1.554774	1.546433	1.538199	1.530068	1.522036	1.514102	1.506262	1.498513	1.490853	1.483280
.07	1.475791	1.468384	1.461056	1.453806	1.446632	1.439531	1.432503	1.425544	1.418654	1.411830
.08	1.405072	1.398377	1.391744	1.385172	1.378659	1.372204	1.365806	1.359463	1.353174	1.346939
.09	1.340755	1.334622	1.328539	1.322505	1.316519	1.310579	1.304685	1.298837	1.293032	1.287271
.10	1.281552	1.275874	1.270238	1.264641	1.259084	1.253565	1.248085	1.242641	1.237235	1.231864
.11	1.226528	1.221227	1.215960	1.210727	1.205527	1.200359	1.195223	1.190118	1.185044	1.180001
.12	1.174987	1.170002	1.165047	1.160120	1.155221	1.150349	1.145505	1.140687	1.135896	1.131131
.13	1.126391	1.121677	1.116987	1.112321	1.107680	1.103063	1.098468	1.093897	1.089349	1.084823
.14	1.080319	1.075837	1.071377	1.066938	1.062519	1.058122	1.053744	1.049387	1.045050	1.040732
.15	1.036433	1.032154	1.027893	1.023651	1.019428	1.015222	1.011034	1.006864	1.002712	.998576
.16	.994458	.990356	.986271	.982203	.978150	.974114	.970093	.966088	.962099	.958124
.17	.954165	.950221	.946291	.942376	.938476	.934589	.930717	.926859	.923014	.919183
.18	.915365	.911561	.907770	.903991	.900226	.896473	.892733	.889006	.885290	.881587
.19	.877896	.874217	.870550	.866894	.863250	.859617	.855996	.852386	.848787	.845199
.20	.841621	.838055	.834499	.830953	.827418	.823894	.820379	.816875	.813380	.809896
.21	.806421	.802956	.799501	.796055	.792619	.789192	.785774	.782365	.778966	.775575
.22	.772193	.768820	.765456	.762101	.758754	.755415	.752085	.748763	.745450	.742144
.23	.738847	.735558	.732276	.729003	.725737	.722479	.719229	.715986	.712751	.709523
.24	.706303	.703089	.699884	.696685	.693493	.690309	.687131	.683961	.680797	.677640
.25	.674490	.671346	.668209	.665079	.661955	.658838	.655727	.652622	.649524	.646431
.26	.643345	.640266	.637192	.634124	.631062	.628006	.624956	.621912	.618873	.615840
.27	.612813	.609791	.606775	.603765	.600760	.597760	.594766	.591777	.588793	.585815
.28	.582842	.579873	.576910	.573952	.570999	.568051	.565108	.562170	.559237	.556308
.29	.553385	.550466	.547551	.544642	.541737	.538836	.535940	.533049	.530161	.527279
.30	.524401	.521527	.518657	.515792	.512930	.510073	.507221	.504372	.501527	.498687
.31	.495850	.493018	.490189	.487365	.484544	.481727	.478914	.476104	.473299	.470497
.32	.467699	.464904	.462113	.459326	.456542	.453762	.450985	.448212	.445443	.442676
.33	.439913	.437154	.434397	.431644	.428895	.426148	.423405	.420665	.417928	.415194
.34	.412463	.409735	.407011	.404289	.401571	.398855	.396142	.393433	.390726	.388022
.35	.385320	.382622	.379926	.377234	.374543	.371856	.369171	.366489	.363810	.361133
.36	.358459	.355787	.353118	.350451	.347787	.345126	.342466	.339809	.337155	.334503
.37	.331853	.329206	.326561	.323918	.321278	.318639	.316003	.313369	.310738	.308108
.38	.305481	.302855	.300232	.297611	.294992	.292375	.289760	.287147	.284536	.281926
.39	.279319	.276714	.274110	.271508	.268909	.266311	.263714	.261120	.258527	.255936
.40	.253347	.250760	.248174	.245590	.243007	.240426	.237847	.235269	.232693	.230118
.41	.227545	.224973	.222403	.219835	.217267	.214702	.212137	.209574	.207013	.204452
.42	.201893	.199336	.196780	.194225	.191671	.189119	.186567	.184017	.181468	.178921
.43	.176374	.173829	.171285	.168741	.166199	.163658	.161119	.158580	.156042	.153505
.44	.150969	.148434	.145900	.143367	.140835	.138304	.135774	.133245	.130716	.128188
.45	.125661	.123135	.120610	.118085	.115562	.113039	.110516	.107995	.105474	.102953
.46	.100434	.097915	.095396	.092879	.090361	.087845	.085329	.082813	.080298	.077784
.47	.075270	.072756	.070243	.067731	.065219	.062707	.060195	.057684	.055174	.052664
.48	.050154	.047644	.045135	.042626	.040117	.037608	.035100	.032592	.030084	.027576
.49	.025069	.022562	.020054	.017547	.015040	.012533	.010027	.007520	.005013	.002507

4　現価係数と終価係数

現価係数 $[S \rightarrow P]$

n \ i	4%	6%	8%	10%	12%
1	0.96154	0.94340	0.92593	0.90909	0.89286
2	0.92456	0.89000	0.85734	0.82645	0.79719
3	0.88900	0.83962	0.79383	0.75131	0.71178
4	0.85480	0.79209	0.73503	0.68301	0.63552
5	0.82193	0.74726	0.68058	0.62092	0.56743
6	0.79031	0.70496	0.63017	0.56447	0.50663
7	0.75992	0.66506	0.58349	0.51316	0.45235
8	0.73069	0.62741	0.54027	0.46651	0.40388
9	0.70259	0.59190	0.50025	0.42410	0.36061
10	0.67556	0.55839	0.46319	0.38554	0.32197
11	0.64958	0.52679	0.42888	0.35049	0.28748
12	0.62460	0.49697	0.39711	0.31863	0.25668
13	0.60057	0.46884	0.36770	0.28966	0.22917
14	0.57748	0.44230	0.34046	0.26333	0.20462
15	0.55526	0.41727	0.31524	0.23939	0.18270
16	0.53391	0.39365	0.29189	0.21763	0.16312
17	0.51337	0.37136	0.27027	0.19784	0.14564
18	0.49363	0.35034	0.25025	0.17986	0.13004
19	0.47464	0.33051	0.23171	0.16351	0.11611
20	0.45639	0.31180	0.21455	0.14864	0.10367

終価係数 $[P \rightarrow S]$

n \ i	4%	6%	8%	10%	12%
1	1.04000	1.06000	1.08000	1.10000	1.12000
2	1.08160	1.12360	1.16640	1.21000	1.25440
3	1.12486	1.19102	1.25971	1.33100	1.40493
4	1.16986	1.26248	1.36049	1.46410	1.57352
5	1.21665	1.33823	1.46933	1.61051	1.76234
6	1.26532	1.41852	1.58687	1.77156	1.97382
7	1.31593	1.50363	1.71382	1.94872	2.21068
8	1.36857	1.59385	1.85093	2.14359	2.47596
9	1.42331	1.68948	1.99900	2.35795	2.77308
10	1.48024	1.79085	2.15892	2.59374	3.10585
11	1.53945	1.89830	2.33164	2.85312	3.47855
12	1.60103	2.01220	2.51817	3.13843	3.89598
13	1.66507	2.13293	2.71962	3.45227	4.36349
14	1.73168	2.26090	2.93719	3.79750	4.88711
15	1.80094	2.39656	3.17217	4.17725	5.47357
16	1.87298	2.54035	3.42594	4.59497	6.13039
17	1.94790	2.69277	3.70002	5.05447	6.86604
18	2.02582	2.85434	3.99602	5.55992	7.68997
19	2.10685	3.02560	4.31570	6.11591	8.61276
20	2.19112	3.20714	4.66096	6.72750	9.64629

5 年金終価係数と減債基金係数

年金終価係数 [$M \to S$]

n \ i	4%	6%	8%	10%	12%
1	1.00000	1.00000	1.00000	1.00000	1.00000
2	2.04000	2.06000	2.08000	2.10000	2.12000
3	3.12160	3.18360	3.24640	3.31000	3.37440
4	4.24646	4.37462	4.50611	4.64100	4.77933
5	5.41632	5.63709	5.86660	6.10510	6.35285
6	6.63298	6.97532	7.33593	7.71561	8.11519
7	7.89829	8.39384	8.92280	9.48717	10.08901
8	9.21423	9.89747	10.63663	11.43589	12.29969
9	10.58280	11.49132	12.48756	13.57948	14.77566
10	12.00611	13.18079	14.48656	15.93742	17.54874
11	13.48635	14.97164	16.64549	18.53117	20.65458
12	15.02581	16.86994	18.97713	21.38428	24.13313
13	16.62684	18.88214	21.49530	24.52271	28.02911
14	18.29194	21.01507	24.21492	27.97498	32.39260
15	20.02359	23.27597	27.15211	31.77248	37.27971
16	21.82453	25.67253	30.32428	35.94973	42.75328
17	23.69751	28.21288	33.75023	40.54470	48.88367
18	25.64541	30.90565	37.45024	45.59917	55.74971
19	27.67123	33.75999	41.44626	51.15909	63.43968
20	29.77808	36.78559	45.76196	57.27500	72.05244

減債基金係数 [$S \to M$]

n \ i	4%	6%	8%	10%	12%
1	1.00000	1.00000	1.00000	1.00000	1.00000
2	0.49020	0.48544	0.48077	0.47619	0.47170
3	0.32035	0.31411	0.30803	0.30211	0.29635
4	0.23549	0.22859	0.22192	0.21547	0.20923
5	0.18463	0.17740	0.17046	0.16380	0.15741
6	0.15076	0.14336	0.13632	0.12961	0.12323
7	0.12661	0.11914	0.11207	0.10541	0.09912
8	0.10853	0.10104	0.09401	0.08744	0.08130
9	0.09449	0.08702	0.08008	0.07364	0.06768
10	0.08329	0.07587	0.06903	0.06275	0.05698
11	0.07415	0.06679	0.06008	0.05396	0.04842
12	0.06655	0.05928	0.05270	0.04676	0.04144
13	0.06014	0.05296	0.04652	0.04078	0.03568
14	0.05467	0.04758	0.04130	0.03575	0.03087
15	0.04994	0.04296	0.03683	0.03147	0.02682
16	0.04582	0.03895	0.03298	0.02782	0.02339
17	0.04220	0.03544	0.02963	0.02466	0.02046
18	0.03899	0.03236	0.02670	0.02193	0.01794
19	0.03614	0.02962	0.02413	0.01955	0.01576
20	0.03358	0.02718	0.02185	0.01746	0.01388

6　資本回収係数と年金現価係数

資本回収係数 $[P \rightarrow M]$

n \ i	4%	6%	8%	10%	12%
1	1.04000	1.06000	1.08000	1.10000	1.12000
2	0.53020	0.54544	0.56077	0.57619	0.59170
3	0.36035	0.37411	0.38803	0.40211	0.41635
4	0.27549	0.28859	0.30192	0.31547	0.32923
5	0.22463	0.23740	0.25046	0.26380	0.27741
6	0.19076	0.20336	0.21632	0.22961	0.24323
7	0.16661	0.17914	0.19207	0.20541	0.21912
8	0.14853	0.16104	0.17401	0.18744	0.20130
9	0.13449	0.14702	0.16008	0.17364	0.18768
10	0.12329	0.13587	0.14903	0.16275	0.17698
11	0.11415	0.12679	0.14008	0.15396	0.16842
12	0.10655	0.11928	0.13270	0.14676	0.16144
13	0.10014	0.11296	0.12652	0.14078	0.15568
14	0.09467	0.10758	0.12130	0.13575	0.15087
15	0.08994	0.10296	0.11683	0.13147	0.14682
16	0.08582	0.09895	0.11298	0.12782	0.14339
17	0.08220	0.09544	0.10963	0.12466	0.14046
18	0.07899	0.09236	0.10670	0.12193	0.13794
19	0.07614	0.08962	0.10413	0.11955	0.13576
20	0.07358	0.08718	0.10185	0.11746	0.13388

年金現価係数 $[M \rightarrow P]$

n \ i	4%	6%	8%	10%	12%
1	0.96154	0.94340	0.92593	0.90909	0.89286
2	1.88609	1.83339	1.78326	1.73554	1.69005
3	2.77509	2.67301	2.57710	2.48685	2.40183
4	3.62990	3.46511	3.31213	3.16987	3.03735
5	4.45182	4.21236	3.99271	3.79079	3.60478
6	5.24214	4.91732	4.62288	4.35526	4.11141
7	6.00205	5.58238	5.20637	4.86842	4.56376
8	6.73274	6.20979	5.74664	5.33493	4.96764
9	7.43533	6.80169	6.24689	5.75902	5.32825
10	8.11090	7.36009	6.71008	6.14457	5.65022
11	8.76048	7.88687	7.13896	6.49506	5.93770
12	9.38507	8.38384	7.53608	6.81369	6.19437
13	9.98565	8.85268	7.90378	7.10336	6.42355
14	10.56312	9.29498	8.24424	7.36669	6.62817
15	11.11839	9.71225	8.55948	7.60608	6.81086
16	11.65230	10.10590	8.85137	7.82371	6.97399
17	12.16567	10.47726	9.12164	8.02155	7.11963
18	12.65930	10.82760	9.37189	8.20141	7.24967
19	13.13394	11.15812	9.60360	8.36492	7.36578
20	13.59033	11.46992	9.81815	8.51356	7.46944

《演習の略解》

〈第2章〉

1. 線形則：200，二乗則：448

2. 線形則：500，二乗則：866

3. 126.4

4. ドイツのUボートに対する戦略など。

5. ① 第3章参照。

   ② 第6章参照。

   ③ 第14章参照。

6. 略

7. 第18章参照。

〈第3章〉

1．, 2．略

3. 工業経営学，生産工学，管理工学…まだまだ見つかるはず。

4. Management Engineering, Product and Research.... まだまだ見つかるはず。

5. 図3-1参照。

〈第4章〉

1. ガント（H.L.Gantt），エマソン（H.Emerson），ギルブレス夫妻（F. &L.Gilbreth）など。

2. クーンツ（H.D.Koontz），オドンネル（C.O'Donnel），ニューマン（W.H.Newman）など。

3. コミュニケーション，カウンセリング，モラールサーベイ，民主的リーダーシップなど。

4. アージリスの未成熟・成熟理論など。

5. 第2部参照。

6. 例えば，フィドラーは条件適合理論を展開。

7. 第6章参照。

8．第7章参照。

〈第5章〉

1．営業利益／経営資本のことで，これは，売上高営業利益率（営業利益／売上高）
と経営資本回転率（売上高／経営資本）とに分解できる。売上高営業利益率で生
産活動および販売活動の生産性を表し，経営資本回転率で経営活動に投入された
資本が売上として回収され，さらに再投入されるといったような回転率，すなわ
ち活動性を表している。

2．～5．略

6．費用構成において固定費の割合が大きいので，売上の低下に対して柔軟性を欠
くため。

7．～10．略

〈第6章〉

1．略

2．ソフトシステム：人間，組織など。

　　ハードシステム：放送システム，機械システムなど。

3．～6．略

〈第7章〉

1．略

2．第7章第5節参照。

3．略

4．略

〈第8章〉

1．Rを4kg，Sを2kgずつ生産すれば，最大利益160万円になる。

2．Iに2.5ページ，Jに3.75ページ掲載すれば，到達量は36,250人になる。

3．Vを3，Wを4

4．略

5．$x_2+2x_3+\lambda_2=5$，$3x_1+2x_2+4x_3+\lambda_3=16$

途中略。$x_1 = 2$，$x_2 = \dfrac{5}{3}$，$x_3 = \dfrac{5}{3}$，$z = 21$

6．$x_1 = 15$，$x_2 = 10$，$x_3 = 3$，$z = 107$

7．$x_1 = 0$，$x_2 = \dfrac{11}{9}$，$x_3 = \dfrac{1}{3}$，$z = \dfrac{26}{3}$

8．$x_1 = \dfrac{9}{5}$，$x_2 = \dfrac{5}{5}$，$z = 24$

〈第9章〉

1．$J_3 \rightarrow J_2 \rightarrow J_4 \rightarrow J_1 \rightarrow J_5$

〔ガントチャート〕

最小時間（$J_3 \rightarrow J_2 \rightarrow J_4 \rightarrow J_1 \rightarrow J_5$）

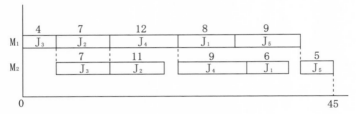

順番どおり（$J_1 \rightarrow J_2 \rightarrow J_3 \rightarrow J_4 \rightarrow J_5$）

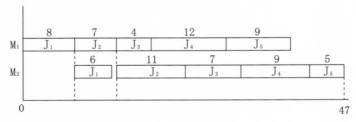

2．

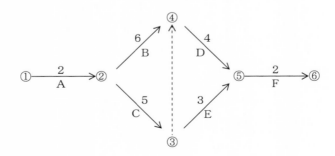

3.

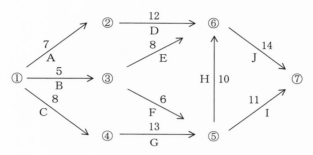

4．上から順に $(\bar{t}_{ij},\ \sigma_{ij}^2) = \left(\dfrac{32}{3},\dfrac{25}{9}\right),\ \left(6,\dfrac{16}{9}\right),\ \left(14,\dfrac{16}{9}\right),\ \left(9,\dfrac{4}{9}\right)$

5．演習2）

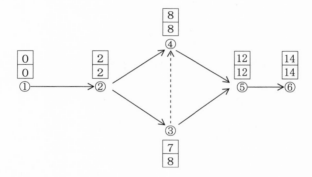

演習3）

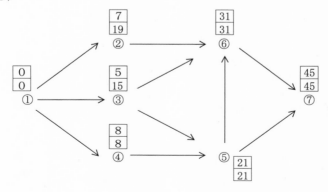

6．演習2）A→B→D→F，演習3）C→G→H→J

7．，8．略

〈第10章〉

1．略

2．1,035個

3．安全在庫：17，発注点：67

4．25個→0.0475，20個→0.092

5．150個／回，6回／年

6．25回／年，2,000個／回

〈第11章〉

1．(1)A：2，B：b　(2)A：2，B：c

2．A：2，B：b

3．Aは$\frac{4}{7}$の確率で戦略1を，Bは$\frac{5}{7}$の確率で戦略aをとればよい。

4．，5．略

6．(1)A：3，B：a　(2)A：2，B：a

7．（A，B）＝（逃げる，直進）あるいは（直進，逃げる）

8．（容疑者A，容疑者B）＝（自白，自白）

9．～12．略

13.

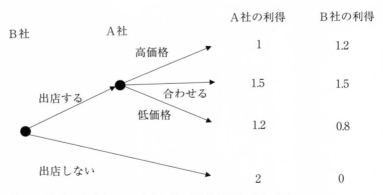

B社はC地域に出店し，A社はB社の販売価格に合わせる。

〈第12章〉

1．〜3．略

4．B：0.67，C：0.65

5．略

6．0.0046

7．略

8．略

〈第13章〉

1．労働生産性（P.49，（5.6）式である）

　　資本生産性（P.50，（5.7）式である）

　　原材料生産性＝原材料使用量÷生産量

2．物的労働生産性＝生産量÷従業者数

　　価値労働生産性＝売上高÷従業者数＝（生産量×製品価格）÷従業者数＝（生産量÷従業者数）×製品価格＝物的労働生産性×製品価格

　　付加価値労働生産性＝付加価値÷従業者数＝（生産額÷従業者数）×（付加価値÷生産額）＝価値労働生産性×付加価値率＝物的労働生産性×製品価格×付加価値率

3．解答例

　　労働生産性＝付加価値÷従業員数＝労働装備率×資本生産性＝1人当たり売上高×売上高付加価値率とする。

　　労働生産性を高めるためには，基本的に各要素の分子を拡大し分母の縮小を図るとともに，分母と分子の両方に位置しているものは，そのバランスに配慮すればよいということになる。例えば，以下のようなことが考えられる。

①　売上高については，一定の総利益高が確保できないのであれば，必要以上にこだわることはないが，総利益高の発生源として，競合他社の状況等の外的要因，そして自社の製品構成，価格，販促方法，接客態度等の内的要因を見直す等によって拡大を図る必要がある。

②　十分な品揃え，適切な在庫管理が必要である。

③　製品在庫は少ない方が有利であり，計画オーダーの実践とともに在庫管理の面で廃棄，破損，流行遅れ等の不良在庫の一掃が必要である。

④　従業員については，時短あるいは福利厚生面に配慮する必要はあるが，少ない方が望ましいことはいうまでもなく，事務関係の従業員の削減，それをカバーするためのコンピュータの導入，事務および販売業務等の簡素化，定型化，マニュアル化，さらにはパート従業員の活用あるいは，製造工場の自動化や機械化による技術関係従業員の削減による人件費の節減等が検討のポイントになる。

⑤　総利益高自体については，売上高管理あるいは在庫管理と相まって総利益率を高めるための仕入管理が必要であり，売れ筋製品等の製品情報管理，発注および物流の合理化，サプライヤーの再検討，仕入れ方法の見直し，支払方法の再検討等によって，いかに仕入れ原価を下げるかがポイントになる。

4．解答例

　　現品管理は，現品（仕掛品）の所在と数量を常に把握し，その保管や運搬を的確に実施することによって，所定の数量の現品を管理し，日程計画どおりの生産を行うことである。すなわち，何が，どこに，何個あるかを確実につかみ，所定の数量と実際の数量とに差異が生じたら，その原因を調査し処置する。また，現品を確実に保管するとともに，次工程へ円滑に供給することも含まれる。

　　余力管理は，能力（生産能力）と負荷（仕事量）との差を余力と呼び，作業者（機械）の余力を統制し，その能力を活用し，余力をゼロに近づけることである。負荷が能力より大きい場合は，能力不足（負の余力）をきたし，納期遅れの発生原因となる。逆に，負荷が能力より小さい場合は，能力過剰（正の余力）となり，作業者や機械に手待ち（遊休）が発生する。

5．

最終製品Wの組立着手計画

第×週	1	2	3	4	5
基準生産計画	100	110	100	90	105
完了予定	100	—	—	—	—
在庫（20）	20	0	0	0	0
組立計画（完了）	—	90	100	90	105
組立計画（着手）	90	100	90	105	—

購入部品Aの計算

	発注方針：その都度 リードタイム：1週間			
第×週	1	2	3	4
総所要量	180	200	180	210
指示済オーダー	—	—	—	—
在庫（300）	120	0	0	0
純所要量	0	80	180	210
計画オーダー（完了）	—	80	180	210
計画オーダー（着手）	80	180	210	—

社内加工部品Bの計算

	発注方針：定期（2週間） リードタイム：1週間			
第×週	1	2	3	4
総所要量	90	100	90	105
指示済オーダー	150	—	—	—
在庫（100）	160	90	0	0
純所要量	0	0	0	105
計画オーダー（完了）	—	30		105
計画オーダー（着手）	30		105	—
（勧告オーダー）	30個第1週に発注せよ。納期は 第2週初め。			

購入部品Cの計算

	発注方針：定量（300個） リードタイム：2週間			
第×週	1	2	3	4
総所要量	270	300	270	315
指示済オーダー	300	—	—	—
在庫（450）	480	180	210	195
純所要量	0	0	0	0
計画オーダー（完了）	—	—	300	300
計画オーダー（着手）	300	300	—	—

（勧告オーダー）	300個第1週に発注せよ。納期は第3週初め。

6．解答例

　　インターネット調達の目的は，主に以下の2点にある。

①　取引先を広く求め，安くて品質が良い部品や資材を見つけるため。

②　調達のスピードアップを図るため。

　　したがって，ネット上に資材および部品の仕様など，必要な情報を公開すれば，これまで取引がない納入業者と出会える確率が高まることや，調達までの時間短縮などのメリットがある。注意すべき点は，価格交渉などの商談や社内の承認などを人手中心で処理した場合には，タイムロスが大きく発生し，効果が大幅に減殺される恐れのあることである。こうした対策として，社内の承認はすべてイントラネットで処理し，調達期間を3分の1とするなどしている企業があるが，インターネット調達のメリットを享受するには，こうした取り組みも必要となる。

一般的に，ネットビジネスの場合，

①　インターネットを通じて，ビジネスを行う

②　インターネットを利用して，業務に反映する

の2点があるが，②の方が，即効性があり，なおかつ効果も大きいので，まず②を中心として行い，①は地道に継続していく必要がある。

　　このような仕組み作りや基盤作りの改革が要求される。

〈第14章〉

1．解答例

　　デミング賞とは，企業から独立した第三者（デミング賞委員会）が，審査，授与，運営を行い，TQM活動で際だった成果を上げた個人またはグループ，あるいは事業所や企業（組織）または企業（組織）の事業部に，表彰を行う制度である。デミング賞委員会の委員長は，慣例として，一般社団法人経済団体連合会会長が就任している。デミング賞委員会の委員は，産学のTQMの見識者で構成されている。デミング賞委員会には，運営委員会と3つの委員会が設けられ，審査その他の業務を分担審議している。デミング賞委員会の事務は，日本科学技術連盟事務局が処理し，同連盟事務局長がデミング賞委員会のセクレタリーとして事務を総括している。

2.

1951年，ファイゲンバウム（A. V. Feigenbaum）の定義

「TQC とは，顧客に十分な満足を与えるような品質の製品を最も経済的な水準において生産できることをねらって，企業内のすべての部門が行う品質の維持と品質改善への努力を，総合的に調整して，有効な働きをさせるシステムをいう。」

3．解答例

ジュランは，デミングが統計的手法を用いる QC 概念よりも大きな立場で QC を定義した。この概念が，日本の QC の捉え方に影響を与えたと考えられる。

4．解答例

設計品質は，例えば，自動車について考えた場合に，個人が気軽に通勤などの交通手段として利用するようなパーソナル・カー，家族を対象としたファミリー・カー，高所得者をターゲットとした高級車，荷物運搬などの商用車など，その「ねらい」は様々である。設計品質では，すべての車が高級な部品を使用することがねらいではなく，用途やターゲットに応じて設計をする品質のことを表す。

製造品質は，品質という言葉から一般的に思い浮かべる意味での品質のことを表す。先の設計品質で，ねらわれた品質通りに，実際に完成しているか，適合しているか，できばえはどうか，という品質を表している。例えば，マンションの耐震偽装問題では，完成したビルやマンションが，設計図通りに造られていたのだとすれば，問題があったのは，設計の品質であって，製造の品質ではないことになる。なお，手抜き工事などがあった場合には，製造の品質が問われることになる。

5.

品質コストは，次の3つのコストから構成される。

①　予防コスト：QC の運営，工程の管理，設備・機械・治工具の精度維持，教育訓練など QC を推進していくために必要とする費用。

②　評価のコスト：原材料の試験および検査，工程での点検および検査，製品の試験および検査，ならびに試験・検査機器の保守・較正など試験・検査のために必要とする費用。

③　失敗のコスト：不良による損失，手直し費用，クレーム処理費用など品質上の失敗に伴って発生する費用。これは，内部失敗のコストと外部失敗のコストに大別される。

　QC は，①の予防コストを投資することによって，②と③のコストを減少し，経済的に生産を行うことを目的とするものでなければならない。したがって，広い視野から総合的な QC を行わなければならない。

6．順に，5.64，5.7，0.232，0.0580，0.241，0.6

7．

　　x_{max}=78.56，x_{min}=77.84，データは100個なので，区間の数は10

　　c=(78.56－77.84)/10=0.72/10=0.072→0.08(最小の測定単位は0.02)

　　最初の下限境界値は，77.84－(0.02/2)=77.83

　　以下略。

8．

累積件数	件数%	累積件数%
38	61	61
53	24	85
56	5	90
58	3	93
60	3	96
61	2	98
62	2	100
62	100	100

　　図は略

9．略

10．解答例

　　調査母集団について仮定された命題（仮説）が，統計的に有意であるか否かを検定すること。統計的仮説検定または仮説検定ともいう。例えば，煙草と肺がんとの因果関係を調べる場合「因果関係なし」を帰無仮説，「因果関係あり」を対立仮説として，統計的検定では，帰無仮説を支持する確率を有意水準（因果関係なしをありとする第一種の誤り確率）α を定めて有意性の検定を行う。この有意水準のもとで，検出力（因果関係ありをなしとする第二種の誤りをおかさない確率）$1-\beta$ をなるべく大きくするように検定を行う。

11．略

12．解答例

　無相関の検定とは，２変数間に相関がないという仮説を検定するもので，有意判定は，この仮説が棄却された（２変数間には相関がある）ということを統計的に意味する。

13. １．棒グラフ，２．折れ線グラフ，３．円グラフ，４．帯グラフ，５．レーダーチャート

14.

$\bar{x}$ 管理図

　　CL=78.121

　　UCL=78.121+0.729×0.216=78.278

　　LCL=78.121−0.729×0.216=77.964

　　図は，略。

R 管理図

　　CL=0.216

　　UCL=2.28×0.216=0.492

　　LCL は引かない。

　　図は，略。

考察：$\bar{x}$ 管理図は，群番号10および20で管理限界外の点がある。したがって，群間変動は管理状態にない。群番号10および20で他の日と異なったことがあったと思われるので，この原因を追究し，処置を取る必要がある。R 管理図は，群間変動は管理状態にあると考えられる。

15.

南支店

　　CL=10.1

　　UCL=19.39

　　LCL=0.81

　　図は略。

北支店

　　CL=4.3

　　UCL=10.45

　　LCL は引かない。

　　図は略。

考察：南支店に関しては，ときどき突発的に管理はずれが起きている。この異常原因を追究し，再発防止の処置を行い，管理状態にもっていかなければならない。また，平均不良率も5.05％と高いので，この原因を調査する必要がある。北支店に関しては，平均不良率が，2.15％と比較的小さく管理状態内にあるので，当面この状態を維持するように努めればよい。

16. 解答例
　① 全数検査を1回だけ行うこと。
　② 全数検査を2回行うこと。
　③ 根拠もなく検査が行われないこと。

17. 略

18. 抜取検査の結果，合格ロットはそのままロットを受入れ，不合格となった場合は，全数検査による選別を行い，不良品を取り除き，または良品と取り替えるあるいは，手直しなどを行って，全数良品にすることを義務づけている検査のこと。

19. ロットの品質が良い場合は，ゆるい検査を，逆に悪い場合は，抜き取り数が多くなるきつい検査を行い品質の向上を促すもの。検査には，なみ検査，ゆるい検査，きつい検査の3段階があり，当初の検査は，なみ検査を行い，その結果から，きつい検査あるいは，ゆるい検査などに調整される。

20. 生産工程における歩留まりを標準偏差（σ）の6倍にまで高めようという目標を掲げ，全社的に品質改善のアイデアを結集させようとするもので，ナレッジ・マネジメントの一手法ともいえる。

〈第15章〉

1. 解答例
　　職務評価とは，職務分析によって得られた情報に基づき，個々の職務について，職務価値の相対的評価を行うことをいう。各職務を重要度，困難度，責任の度合などに応じて序列化するというもので，従業員の適正配置，職務・職能給の導入等に欠かせない手続きである。

2. 利点：①生涯同じ企業に所属するため，企業への帰属意識と忠誠心が高まる，②技能が定着しやすく教育訓練の効果を長期的に期待できる，③雇用が安定する，など。
　　欠点：①職業意識が低下する，②遊休人員を整理できない，③発展させるべき産

業への人材の移動が不足する，など。

3．利点：①経験のある部門長を中心に組織の力を発揮できる，②長期的な視野に
基づく組織経営が可能になる，など。

欠点：①若手社員の大幅な昇格・抜擢などがしにくい，②年輩社員の降格がしに
くい，など。

4．利点：部下の意見や考え方が取り入れられる余地が大きく，勤労意欲が高まる，
など。

欠点：最終決定までに時間がかかる，責任の所在が明確でない，など。

5．解答例

人間関係研究

　人間関係論の研究は，コミュニケーション，人事相談制度（カウンセリング），
提案制度，態度調査（モラール・サーベイ），福利厚生，利潤分配制等による従業
員ならびに労使間の協力関係の確立の重要性を認識させるようになり，これらの
人事管理諸施策が人事・労務管理に取り入れられるようになった。

行動科学

　行動科学では，リーダーシップ，モチベーション，目標管理，組織開発，集団
理論，組織文化論等が，人事・労務管理に大きな影響を与えた。

6．解答例

　人間の諸特性とその限界を知って，人間と，人間を取り囲む環境との整合性を
図ることを目的とする人間工学は，人事・労務管理の観点からは，例えば，職場
における機械化やコンピュータの導入を考える際に関係してくる。

　安全・健康で快適な職場環境を形成したり，設備・機器のより良い使用・操作
方法等を確立するために人間工学を応用すること，例えば，新しく導入した機械
について，働きやすい作業姿勢や休憩の取り方を人間工学を踏まえて研究するこ
とは人事・労務管理に関係している。

7．解答例

　フレックスタイム制とは，始業・終業の時刻を労働者自身が決定できる制度で
ある。一般的には1日のうちで，必ず就業する時間（コアタイム）を定め，その
前後にいつ勤務してもいいフレキシブルタイムを設定する（コアタイムを設けず，
すべてフレキシブルタイムとすることも可能）。例えば，コアタイムを10時～15時
とし，（休憩1時間含む）この時間内は，必ず勤務しなければならない。そして，

その前後3〜4時間をフレキシブルタイムとすると，労働者は，10時に出勤し，19時まで勤務することも，7時に出勤して，16時に帰ることもできる。また，1日目は10時〜15時勤務にして，翌日を7時〜20時とすることもできる。勤務時間の過不足は，1ヵ月内に清算する。多い分については時間外賃金として清算し，不足分は月内清算（控除）するか翌月に繰り越す（翌月の総労働時間に加算して労働させる）。これに対して，裁量労働制では，第15章第3節で述べたので詳細は省略するが，遂行業務の手段，方法，時間配分に関して，使用者の具体的な指示・監督を要しない。

8．略

〈第16章〉

1．解答例

　　購買活動や販売活動など，企業外部との取引を記録・計算する方法で，企業を取り巻く関係者（経営管理者・取引先・出資者等）に対し，適切，かつ正確な報告（決算書作成）を行うための記帳方法。

2．解答例

　　外部から購入した原材料などを，自社の工場等において加工することによって，製品を生産し，完成した製品を販売することを主要業務としている製造業で行われる記帳方法。企業内部での部門別や製品別の材料・燃料・人力などの資源の投入を記録・計算する。

3．価格差異 $= (100 - 95) \times 22 = 110$

　　数量差異 $= (20 - 22) \times 100 = -200$

　　$\therefore$直接材料費差異 $= -90$（不利）

4．解答例

　　実数法：ある項目の数値の期間的な変化を実数によってとらえ，その増減額から一定の事実や傾向を判断する。

　　比率法：ある2つの項目の割合を比率として算出し，一定の事実や傾向を判断する。比率法は，さらに関係比率，構成比率，2期以上は趨勢比率と指数分析に分かれる。

5．112.5万円

6．88.9万円

7.

$S = P \times (1+i)^n$

いま毎年末に100万円ずつ年利率 2 ％で積立貯金すると，4 年後の元利合計 S は，

$S = 100 \times (1+0.02)^3 + 100 \times (1+0.02)^2 + 100 \times (1+0.02) + 100$

$= 100 \times \{1 + (1+0.02) + (1+0.02)^2 + (1+0.02)^3\}$

ここで，等比級数の和を求める公式を用いてこの式を整理すると

$S = 100 \times \{(1+0.02)^4 - 1\} / 0.02$

一般に，n 期間にわたる毎期末均等払いの金額を M，n 期後の元利合計を S，資本の利率を i とすると，

$S = M(1+i)^{n-1} + M(1+i)^{n-2} + \cdots + M(1+i) + M$

$= M\{1 + (1+i) + (1+i)^2 + \cdots + (1+i)^{n-1}\}$

$= M \times \{(1+i)^n - 1\} / i$

を得る。

8．437.46万円

9．49.14万円

10.

$P = M \times [M \rightarrow S]^i_n \times [S \rightarrow P]^i_n = M \times \{(1+i)^n - 1\} / \{i(1+i)^n\}$

したがって，

$M = P \times \{i(1+i)^n\} / \{(1+i)^n - 1\}$

を得る。

11．79.14万円

12．540.72万円

13．順に622万円，1,096万円，173万円

14．B案

15．28.3%

16．約18%

17．1,000/400＝2.5（年）

18．解答例

　　電子マネーとは，広い意味で「支払い手段」の役割を果たす電子的なサービスのことを意味している。電子マネーにはさまざまな種類があり，流通形態，媒体，支払時期により分類することができる。

① 流通形態：クローズドループ型，オープンループ型
② 媒体：IC型，サーバー型
③ 支払時期：プリペイド型（前払い），デビット型（即時払い），ポストペイ型
（後払い）

〈第17章〉

1．解答例
　　情報の価値は，情報を必要とする人によって評価が異なり，そのタイミングや
状況によって価値が発生する。一般に価値には，希少価値，交換価値，コスト価値，
付加価値などが存在する。
2．情報格差のことで，パソコンやインターネットの知識や習熟度の違いによって，
情報収集能力に差がつき，生活や収入に格差が生じることを言う。
3．計数情報や非計数情報，あるいは原始データ，集約情報，合成情報などの加工
方式別情報などがある。
4．1987年，エメリー（J.C.Emery）の定義
　　「業務管理や組織の意思決定に使われるコンピュータ化された情報システム」な
ど。
5．解答例
　　戦略レベルとして，戦略的情報システム（SIS）があり，マネジメントレベルで
は，意思決定支援システム（DSS），オペレーショナルレベルでは，経営情報シス
テム（MIS）やEDPSなどがある。
6．解答例
　　生産管理情報システムとして，MES（Manufacturing Execution System：操業
管理支援システム）などがある。
7．解答例
　　イントラネット：通信プロトコルTCP/IPを始めとするインターネット標準の
技術を用いて構築された企業内ネットワークのこと。
　　エクストラネット：複数の企業間でイントラネットを相互接続したネットワー
クのこと。インターネットや専用の通信回線を用いて接続される。
8．解答例
　　企業全体を経営資源の有効活用の観点から統合的に管理し，経営の効率化を図

るための手法・概念である ERP（Enterprise Resource Planning）やサプライヤー，メーカー，卸売業，小売業間の受発注，資材の調達から在庫管理，製品の配送まで，いわば事業活動の川上から川下までをコンピュータを使って総合的に管理する SCM（Supply Chain Management）などの登場は，経営情報システムの構造改革と言える。

9．略

索　　引

■著者紹介■

古 殿 幸 雄（こどの　ゆきお）

1963 年 7 月生まれ。
1992 年　大阪工業大学大学院工学研究科博士後期課程修了。博士（工学）。
1993 年　福山大学経済学部経営情報学科講師。
1998 年　福山平成大学経営学部経営情報学科助教授。
2001 年　大阪国際大学経営情報学部助教授。
2005 年　大阪国際大学経営情報学部教授。
2007 年　大阪国際大学経営情報学部長（2014 年まで）。
2008 年　大阪国際大学ビジネス学部教授，ビジネス学部長兼務（2014 年まで）。
2014 年　大阪国際大学グローバルビジネス学部教授。
2015 年　近畿大学経営学部経営学科教授。

●主な著書
『入門ガイダンス　情報のマネジメント（第 2 版)』（中央経済社）
『入門ガイダンス　プロジェクトのマネジメント』（中央経済社）
『入門ガイダンス　経営情報システム（第 2 版)』（中央経済社）
『最新・情報処理のしくみ』（編著）（サイエンス社）
『最新・情報処理の基礎知識』（編著）（サイエンス社）

入門ガイダンス

経営科学・経営工学（第3版）

2000年11月10日	第1版第1刷発行	
2016年10月20日	第1版第11刷発行	
2017年3月10日	第2版第1刷発行	
2020年9月25日	第2版第3刷発行	
2022年9月10日	第3版第1刷発行	

著　者　古　殿　幸　雄

発行者　山　本　　　継

発行所　㈱中央経済社

発売元　㈱中央経済グループ
　　　　パブリッシング

〒101-0051　東京都千代田区神田神保町1-31-2
電　話　03(3293)3371(編集代表)
　　　　03(3293)3381(営業代表)
https://www.chuokeizai.co.jp
印刷／文唱堂印刷㈱
製本／㈲井上製本所

ⓒ 2022
Printed in Japan

ISBN978-4-502-43681-9　C3034